ハンディシリーズ
発達障害支援・特別支援教育ナビ
柘植雅義◉監修

市川宏伸 編著

発達障害の「本当の理解」とは

― 医学, 心理, 教育, 当事者, それぞれの視点

・市川宏伸　・佐々木康栄
・宇野洋太　・内山登紀夫
・千住　淳　・明翫光宜
・熊谷晋一郎　・長崎　勤
・阿部利彦　・山本純一郎
・綾屋紗月　・藤堂栄子
・尾崎ミオ　・木谷秀勝

金子書房

「発達障害支援・特別支援教育ナビ」の刊行にあたって

　2001年は，新たな世紀の始まりであると同時に，1月に文部科学省の調査研究協力者会議が「21世紀の特殊教育の在り方について〜一人一人のニーズに応じた特別支援の在り方について〜」という最終報告書を取りまとめ，従来の特殊教育から新たな特別支援教育に向けた転換の始まりの年でもありました。特に画期的だったのは，学習障害（LD），注意欠如多動性障害（ADHD），高機能自閉症等，知的障害のない発達障害に関する教育の必要性が明記されたことです。20世紀の終わり頃，欧米などの他国と比べて，これらの障害への対応は残念ながら日本は遅れ，国レベルでの対応を強く求める声が多くありました。

　しかし，その2001年以降，取り組みがいざ始まると，発達障害をめぐる教育実践，教育行政，学術研究，さらにはその周辺で深くかかわる福祉，医療，労働等の各実践，行政，研究は，今日まで上手い具合に進みました。スピード感もあり，時に，従来からの他の障害種から，羨望の眼差しで見られるようなこともあったと思われます。

　そして14年が過ぎた現在，発達障害の理解は進み，制度も整い，豊かな実践も取り組まれ，学術研究も蓄積されてきました。以前と比べれば隔世の感があります。さらに，2016年4月には，障害者差別解消法が施行されます。

　そこで，このような時点に，発達障害を巡る種々の分野の成長の全容を，いくつかのテーマにまとめてシリーズとして分冊で公表していくことは非常に重要です。そして，発達障害を理解し，支援をしていく際に，重要度の高いものを選び，その分野において第一線で活躍されている方々に執筆していただきます。各テーマを全体的に概観すると共に，そのテーマをある程度深く掘り下げてみるという2軸での章構成を目指しました。シリーズが完成した暁には，我が国における発達障害にかかわる教育を中心とした現時点での到達点を集めた集大成ということになると考えています。

　最後になりましたが，このような画期的なアイデアを提案して下さった金子書房の先見性に深く感謝するとともに，本シリーズが，我が国における発達障害への理解と支援の一層の深まりに貢献してくれることを願っています。

2014年9月

シリーズ監修　柘植雅義

Contents

第1章 発達障害の本質とは何か
……………………………………………市川宏伸　2

第2章 障害のスペクトラム（連続体）という理解のあり方
………………………佐々木康栄　宇野洋太　内山登紀夫　13

第3章 最前線の生物学的精神医学研究から考える発達障害
——ASD研究からの示唆
……………………………………………千住　淳　22

第4章 発達障害理解のための心理アセスメント
……………………………………………明翫光宜　30

第5章 自閉スペクトラム症を「身体障害」の視点からとらえる
……………………………………………熊谷晋一郎　38

第6章 発達心理学の観点から発達障害を理解する
……………………………………………長崎　勤　47

第7章 適切な支援をするために通常学級の現状を理解する
……………………………………………阿部利彦　57

第8章 当事者・保護者の視点から考える「発達障害の理解」　67

「発達障害当事者」が
社会の多数派となる社会・その実践的事例
　　　　　　　　　　　　　　　　　　　　　　　山本純一郎　67

診断基準が抱える課題と当事者研究の役割
　　　　　　　　　　　　　　　　　　　　　　　綾屋紗月　73

子育てを通して学んだ，私の発達障害理解
　　　　　　　　　　　　　　　　　　　　　　　藤堂栄子　79

自閉スペクトラム症（ASD）は，わからない
　　　　　　　　　　　　　　　　　　　　　　　尾崎ミオ　89

第9章 子どもの「発達障害らしさ」を活かす
　　　　　　　　　　　　　　　　　　　　　　　木谷秀勝　97

第1章

発達障害の本質とは何か

市川宏伸

1 はじめに

　2005（平成17）年に発達障害者支援法が施行され，発達障害という言葉は，社会的には知られるようになったが，発達障害の本質が十分に理解され，適切な支援が行われるようになったとは言い難い。「発達上に問題があるのが発達障害である」という考え方は，いくつかの分野で今でも垣間見られる。発達障害については，発達障害者支援法の中に定義されており，本文には，「自閉症，アスペルガー症候群その他の広汎性発達障害，学習障害，注意欠陥多動性障害その他，これに類する脳機能障害であり，その症状が通常低年齢で発現するもの」と記述されている。この法律は国会議員が中心になって作られた議員立法であるが，背景にはICD（国際疾病分類）という診断基準があり，医学的な根拠もある。発達障害は「子育てなどの環境因のみが原因で生じるものではなく，何らかの脳機能障害の存在」が前提である。脳機能障害の本質についての研究は途上であり，十分には解明されていない。現在の医療での考え方の中心は，「発達障害はあってはならないものではなく，一つの特性と見ることができるもの」である。その存在により，当事者および家族などが社会生活上の困難さを感じたり，生きにくさを感じた時のみ，何らかの支援が必要となる。

　2005（平成17）年に施行された発達障害者支援法施行の延長上に，2010（平成22）年12月の障害者自立支援法（総合支援法）の改訂，2011（平成23）年7月の障害者基本法の改訂の中で，対象は身体障害，知的障害，精神障害（発達障害を含む）と明記され，発達障害が法律上も障害の仲間入りをした。障害者の差別解消，合理的配慮などでも，その対象となっている。

2 発達障害とは

（1）障害とは何か

　"障害"という言葉は，日本では独特の響きを持っている。私が外来で診察していても，「まさかうちの子は障害ではないですよね？」という台詞も聞く。「障害ってなんでしたっけ？」と質問すると怪訝な顔をして医師（筆者）を見つめる。「あってはならないとんでもないものであり，決して自分は関わりたくない」もののようである。日本語で発達障害とされるものは，英語だとさまざまな単語に当たる。Handicap，Disability，Disorder，Impairment，Disturbance などの単語は日本語ではすべて"障害"と訳される。知的障害の養護学校の英語は mentally handicapped school とされていたし，神経心理学における学習障害は Learning Disability であった。1980年に国際疾病分類の補助分類として出された国際障害分類では，International Classification of Impairments, Disabilities and Handicaps（ICIDH）とされている。

　保護者が怖れている障害は，恐らく Handicap に近いものであり，「一度そう判定されると変わらず，一生不利益を蒙るもの」のようである。最近は疾患も障害と呼ばれることがあり，この場合は Disorder である。風邪をひけば呼吸器障害であり，おなかをこわせば消化器障害である。同じ"障害"という言葉も，幅広い意味に使われている。こう考えれば，"障害"も決して特別視されるものではないし，恐ろしいものではないし，外見上の変化もあるものである。

　"障害"という言葉の使用を止めて，"障碍"，"障がい"を使っている自治体もある。この場合，行政の方からは，「"障害"という言葉の内容は変わらないが，その方が保護者が喜ぶんですよ」と聞く。筆者の経験では，障害者施設を造る際の反対運動では，「障害者を見ると，うちの子どもが障害者になってしまう」，「障害者施設ができたら自分の住んでいる住居の資産価値が低下してしまう」などとても非論理的な論議がなされていた。障害概念は言葉の問題ではなく，一人一人が心の中に持っているものであり，中味は千差万別である。前述したように"障害"という言葉は様々な英語の邦訳に思われる。発達障害概

念から考えれば，境界も程度も様々であり，「すべての人々は何らかの障害を持っており，その種類と程度に違いがある」と考えてもよい。邦訳前の意味を考えれば，一律に変更すること自体，単なる"言葉狩り"のように思えてしまう。

（2）発達障害と診断

医療機関で発達障害に主として対応しているのは，子どもを対象としている精神科医と小児神経科を中心とした小児科医であり，診断は操作的診断基準（DSM や ICD）で行われている。国内で使用されている精神科の診断基準には，米国精神医学会による DSM（Diagnostic and Statistical Manual of Mental Disorders）と世界保健機関（WHO）による ICD（International Classification of Diseases）がある。ICD は全疾患にわたる診断分類であり，F コードが精神疾患になっている。ともに 10 〜 20 年間に 1 回の改訂があり，DSM は 2013 年 5 月に第 5 版が公表され，日本語版が 2014 年 6 月に発行された。ICD は第 10 版が現在使用されており，明後年（2016 年）に第 11 版が公表される予定である。

DSM-Ⅲ-R（第 3 版の改訂版：1987 年刊行）の中に発達障害（Developmental Disorders）という項目があり，この中には精神遅滞（MR：Mental Retardation），広汎性発達障害（PDD：Pervasive Developmental Disorders），特異的発達障害（SDD：Specific Developmental Disorders）が記載されている。SDD の中には，特異的な学習の障害，コミュニケーションの障害，協調運動障害などが含まれる。DSM-Ⅲ-R では，多軸診断を行っており，発達障害とパーナリティー障害はⅡ軸にコードされていた。DSM-5 では多軸診断はなくなっており，すべての診断はⅠ軸にコードされている。国内では 2003（平成 15）年度から，行政では知的障害という用語を使っていたが，DSM-5 では知的能力障害群（Intellectual Disability）とされている。

DSM-Ⅲ-R の発達障害には ADHD は含まれていない。ADHD の歴史的経緯を調べると，微細脳機能不全（MBD：Minimal Brain Dysfunction）あるいは微細脳機能傷害（MBD：Minimal Brain Damage）に辿り着く。不器用，多動で集中できない人々についての概念であり，名称からも何らかの脳の器質的障害と考えられていた。操作的診断基準は症状や行動に注目しており，

疾患の生物学的背景等は考慮していない。DSM-Ⅲ（1980年）ではADDH（Attention Deficit Disorder with Hyperactivity），DSM-Ⅲ-R（1987年）ではADHD（Attention-Deficit Hyperactivity Disorder），DSM-Ⅳ-TR，DSM-5ではADHD（Attention Deficit/ Hyperactivity Disorder）と概念は微妙に変わっている。発症の年齢が診断基準の中にあり，DSM-5になって12才未満に引き上げられた。DSM-Ⅳ-TRとICD-10は共通点の多い診断基準であったが，DSM-5とは異なっている点が多いことを心得ておく必要がある。

（3）医療以外における概念

発達障害についての行政上の定義としては国内のものと米国のものの2つがよく知られている。

①国内の概念

日本では，2005年の「発達障害者支援法」の中で定義されている。この中では，前述したように「自閉症，アスペルガー症候群その他の広汎性発達障害，学習障害，注意欠陥多動性障害その他これに類する脳機能障害であり，その症状が通常低年齢で発現するもの」とされている。この法律では,定義にICD-10（国際疾病分類第10版）のFコード（精神および行動の障害）が使用されている。細目（次官通達）では「脳機能の障害であって，その障害が通常低年齢に発症するもののうち，F8（学習能力の特異的発達障害，広汎性発達障害など）およびF9（多動性障害，行為障害，チック障害など）に含まれるもの」とされている。現在,発達上の課題が中心とされるいわゆる発達障害はICDで言えば，F7～9に含まれている。疾病を中心に作られたものであり，この発達障害は，英語で言えばDevelopmental Disordersである。発達障害者支援法はこれらの発達障害のうち，知的障害福祉法が及ばない主としてF8とF9を対象としているが，これらの診断を満たす状態であれば，他の疾患が並存していてもその対象としている。F7はMR，F8はPDD，SDDが中心である。F9は多動性障害（DSMではADHD），素行障害，チック障害，選択的緘黙などを含む幅広い概念となっているが，F98にいわゆる多動を伴なわない多動性障害があり，対象者の利益を考えて，必要条件を中心に作られている。

②米国における概念

米国では，1970年の「発達障害のためのサービスおよび施設建設のための法」の中で発達障害が取り上げられている。行政上のサービスを目的としたものであり，この場合の発達障害は Developmental Disabilities とされる。この法律は，1963年以来改訂が行われており，精神遅滞，脳性麻痺，自閉症スペクトラム障害，遺伝子・染色体障害，胎児性アルコール障害などが含まれている。日本国内にはこの発達障害（Developmental Disabilities）が紹介されていたこともあり，発達障害者支援法に基づく発達障害（Developmental Disorders）を否定する向きもあった。

3 発達障害の本質

（1）発達障害の特性

他の障害とされるものと比べると，発達障害にはいくつかの特徴がある。これらについては個性と疾患のいずれにもあてはまらない特性と考えられるように思われる。

①その数の多さ

医療の現場から出てくる数字は，特定の母集団によるものだが，教育から出てくる数字は一般人口に近いものと考えられている。文部科学省からの統計では，通常教育および特別支援教育を受けている児童・生徒では，盲・聾と肢体不自由を合わせたものの3倍近い知的障害を含む発達障害児がいる。2002（平成14）年の文科省調査では，教育上の配慮を要する児童生徒は，通常教育に6.3％，2012（平成24）年度調査で6.5％とされた。同様に，特別支援教育に在籍する発達障害の生徒は平成14年度で1.2％，24年度に1.4％とされており，合わせて平成14年度で7.5％，24年度で7.9％となる。日本の人口が1億2千万人とすると約1千万人となる。これらのうち支援を必要とするのは，これらの数分の1と考えられるが，それでも他の障害とされるものと比べて，極めて数が多い。特別支援教育が始まって8年目になるが，学校教育法に自閉

症，注意欠陥多動性障害，学習障害などの言葉は出てきても発達障害という言葉が出て来ないのは不思議な感じがする。

②**外見からの課題の分かりにくさ**
　発達障害の場合，その程度が重い場合や他の障害を併せ持っている時は早く気付くが，軽い場合は，本人も周囲も気付くのが遅くなることがある。"外見からの課題の見えにくさ"は，一見問題ないように見える利点がある。一方で，「怠けている」，「困ったものだ」，「反抗的である」などとの誤解を受けやすいし，支援の開始が遅くなることにつながる。

③**発達障害の存在の境界は明確ではない**
　発達障害が存在するか否かを明確に示すことは難しい。このことは発達障害が連続体（スペクトラム）であり，濃淡（グラデュエーション）があることにつながる（図1-1）。その程度が濃ければ気付くのも早いが，薄ければ成長するまで見逃される可能性もある。筆者の考えでは，大多数の人に何らかの発達障害的要素は存在しており，一人一人で見れば，その種類と程度が異っているだけであるように思える。このことは，「発達障害が存在していてはいけない」

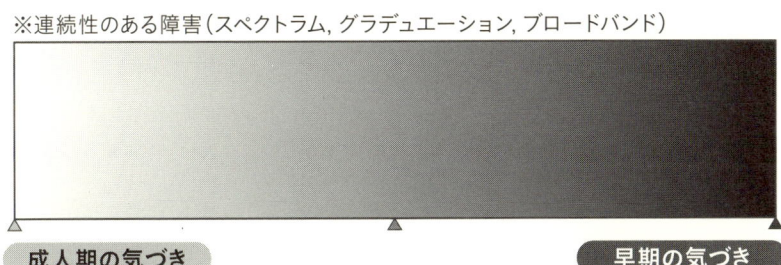

図1-1　発達障害の特徴としての連続性

わけではなく，特性を生かすことで偉大な功績を残す人の存在につながる。個々の人間は生まれて以来発達障害という特性を持っているわけであり，自分では「その状態が当たり前」としてとらえている。このことは，自分が他者と違っているという認識は持たないまま，「要領が悪い」，「努力が足りない」などの非難を受けることになる。この結果として，「自分は皆と同じようにできない」と自信を失い，心理的に追い込まれることもある。

④外見上は課題が改善したように見えることもある

発達障害の経過を見ていくと，落ち着いている時期もあるし，不安定になる時期もある。例えば，小学校で担任が交代すると落ち着かなくなることもあるし，落ち着いて過ごせることもある。社会人でも，職場が変わり，上司や同僚が変わると不安定になることもあるし，安定することもある。このことは置かれる環境や，対応の仕方によって，外見上の課題は大きく変化する。しかし，課題が一生露呈しなければ，一生問題なく過ごせる人もいるはずである。つまり受け入れる側の状況による側面を持っている。

⑤家族的背景を持つことがある

最近欧米を中心に発達障害の遺伝的背景が指摘されている。ADHDを例にとれば，精神疾患の代表である統合失調症やてんかんよりも罹患者は多いのではないかと考えられている。このことは，一人が発達障害であれば，その兄弟姉妹，両親，祖父母にも発達障害存在の可能性がある。仮に，家族が発達障害への理解が不十分であっても，「自分と似ており問題はない」と考えやすいからと考えれば，家族を責めても仕方がないことになる。臨床場面でも，保護者に発達障害が存在していると，子どもの発達障害の存在に気付くのが遅くなる。

⑥いくつかの発達障害が同時に存在していることは珍しくない

発達障害は，一つが単独で存在するのではなく，程度の差はあっても，多くが重複して存在する。ASDの症状で来院されても，ADHD，LDなどが重なっていることは珍しくない。知的障害，発達性協調運動障害，チック障害などが併存していることもある。もちろん，発達障害以外の二次的な障害が併発して

いることもある。一人一人の発達障害児者はこれらが重なり合った存在であり，特定の特性や疾患にのみ結びつけるのは難しいことも多い。

（２）発達障害の特性

　発達障害は人生を通じて存在している特性と考えることができる。初めは学童年齢で話題になったが，やがて彼らは中学生に成長し，高校性になり，社会人になっていく。その各々の段階で，何らかの社会不適応に遭遇する可能性がある。現在は成人になった発達障害者の存在が注目され，社会的な話題となっている。彼らは生育段階で，"発達障害"という概念がほとんどなく，本人は「困った人」，保護者は「しつけのできない親」として非難を受けてきていることが多く，苦労している。成長してから"発達障害"の存在に気付く場合，「早く教えてくれればよかったのに」という台詞をよく聞く。発達障害の存在に早目に気付いて，適切な対応がなされれば，「生きづらさ」，「生きにくさ」を感じることは少なくなると思われる。一方で，低年齢であればあるほど，保護者は"発達障害"とされることに抵抗を感じる。なるべく低年齢のうちに，抵抗感なく，発達障害の事実を周囲に受け入れてもらうためには，保護者の気づきや適切な対応が必要となる。診断にこだわらず，気になることへの対応という形での受け入れが現実的と考えられており，厚労省も子ども発達支援センター（仮称）などを設置し，専門性のある職員を集めて対応することを提案している。現在は，保育園や幼稚園の段階で，気になった際に専門性を備えた職員が対応できることが現実的と考えられている。もちろん，本人なり保護者が気付いて対応する以外にも，社会の受け入れの問題がある。このためには発達障害者が自ら変わるだけでなく，発達障害者の社会的受け入れが改善される必要がある。

（３）生涯を通じての発達障害

　発達障害は全人生的に存在しているものであり，成人になっても存在し続ける。社会生活上困難を来している場合もあるし，課題を抱えていないこともある。

　例えば，①低年齢から発達障害の存在に気付いて，いろいろと対応してきたが，社会的困難を成人に持ち越している場合もある。②発達障害の存在に気付

かないままに成人になって，社会生活や家庭生活での困難に直面する場合もある。発達障害による多少の困難さを抱えていても，学校現場では，成績が良ければ教員からは見逃されている場合も多いと思われる。例えば，不注意優勢のADHDにおいては，成人してから職場などの社会生活や，夫婦・親子関係などの家庭生活で困難を来し来院することが珍しくない。③二次的に生じた症状にのみ注目され，何らかの精神疾患名を付けられるが，典型的症状が存在せず，治療がうまく行かなかった段階で，改めて発達障害の存在が疑われる場合もある。

　成人の発達障害については，これまであまり注目されて来られなかった分野であり，これから本格的な支援が行われるべきところである。大学においては単位の履修の仕方，グループ実習，部活，同好会での人間関係の取り方など，様々な困難からドロップアウトしてしまうこともある。社会生活においては，就労に際して困難を感じる例は多い。会社への連絡の取り方，履歴書の書き方，面接の仕方などで戸惑う。就労しても職場の人間関係で苦労することは多く，ジョブ・コーチなどに入ってもらった方がよい場合もある。一般就労していても，会社における職場環境や人間関係がうまく行かなければ，退職に追い込まれることもある。この場合に本来機能を果たすべき産業医も，発達障害については，現状ではまだ十分に機能を発揮しているとは言い難い。退職した場合も，発達障害者にとって，再就労の道は険しく，高学歴であってもパート職を繰り返す例も珍しくない。

（4）一つのモデル例

　マスメディアで発達障害の存在を知り，成人になって精神科クリニックを受診した男性を例に考えてみる。20代後半で精神科クリニックを初診し，主訴は「勤め先で同僚や上司に言われた事をすぐに忘れてしまう」，「仕事にミスが多い」，「片付けが苦手である」であった。二次的に抑うつ状態となり受診したが，この際に現在の上司がADHDを疑い，専門医の受診を勧めたという。幼少時の話を詳しく聞くとともに，近所に住んでいた母にも来院してもらう。学業も優秀であったためか，学齢期のエピソードはほとんどなかった。質問紙，評価尺度表，診断基準に照らし合わせ，不注意優勢型のADHDと診断をした。

第1章 発達障害の本質とは何か

本人の希望もあり、ADHD治療薬を処方したところ、3週間後に評価尺度の不注意項目が改善された。更に増量したところ不注意項目は更に改善をみたので、消化器症状などに注意して容量を固定した。「集中力が高まった」、「自覚的に落ち着いている」、「机の上が少しきれいになった」、「仕事に取り組む態度に自信を感じている」、「食欲はやや低下したが睡眠は問題ない」などとのことであった。会社の上司や同僚からも改善を認められた。彼が語ってくれたことで私も驚いたのは、「先生、こういう人生ってあるんですね」という言葉であった。発達障害は一生継続しているものであり、「当事者は発達障害を抱える人生を当たり前のこととして受け入れてきた」ことを示す言葉であった。障害を抱えない人の存在は考えておらず、「自分は他人と同じにはできない」と考え

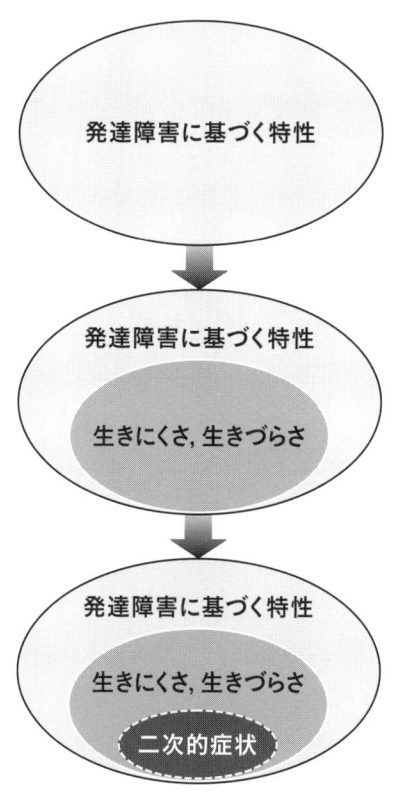

図1-2　発達障害と治療：3段階（市川, 2014）

てきたが，実は間違っていたのであった。

この例は，「ADHDの存在に気が付かず自己不全感，自己評価の低下が生じ，二次的に抑うつ状態を呈して来院したが，そのもとにあったADHDの不注意を改善することにより抑うつ症状も安定した」と考えられた。臨床上，注意すべきことは，「本当に，発達障害が存在していることを確認し，過剰診断を防ぐ」，「ADHD治療薬の効果は一定時間に限定しており，すべての例に効果があるわけではない」などである。しかし，自己不全感が取り除かれ，自己評価が改善されれば，社会適応上の課題は減少するはずである（図1-2）。

4 おわりに──発達障害の本質とは？

発達障害は特性であり，優れた利点となることもあるが，社会不適応の原因になることもある。これらのどちらになるかを支配するのは，家族，学校，職場などの発達障害児者を取り囲む環境である。発達障害児者及び周囲はその存在に気付くこともあるが，気付かないままに成長することになる場合もある。発達障害児者はいわば独特のPCソフトを積んだ存在であり，異なるソフトで無理やり作動しようとしても動かない。無理に動かそうとすれば，具合が悪くなることもある。発達障害児者の持つソフトを動かす，互換性あるソフトを開発する必要がある。そのためには発達障害児者の持つソフトの解析が必要である。「どうやって動かしてやろう」ではなくて，「どうやったら動くのか」が重要である。「よき支援者ほど互換性あるソフトを開発できる」とも言い換えられるかもしれない。

発達障害はあってはならないものではなく，社会不適応を来した際には支援が必要になる。発達障害の理解啓発が進めば，社会全体が発達障害への適切な対応をできるようになり，受け入れもよくなるはずである。発達障害のためのユニバーサルデザインの充実が期待される。

【引用・参考文献】

市川宏伸（2014）発達障害児の理解と生活指導．理学療法ジャーナル．48 (2), 93-98.

第2章

障害のスペクトラム（連続体）という理解のあり方

佐々木康栄　宇野洋太　内山登紀夫

1 はじめに

'自閉症スペクトラム（Autism Spectrum Disorder: 以下 ASD）'というスペクトラム概念は，イギリスの児童精神科医ウイング（Wing, L.）と臨床心理学者のグールド（Gould, J.）が疫学調査（ウイング, 1979）の結果を踏まえて提唱した概念である。『精神障害の診断と統計マニュアル第5版』（Diagnostic and Statistical Manual of Mental Disorders Fifth Edition: 以下 DSM-5）においても類似のスペクトラム概念が採用されるなど，スペクトラム概念は国際的に採用されつつある。一方で，過剰な診断ではという危惧・批判もあり，まだその概念が十分に理解されていない現状もある。本稿ではスペクトラム概念とその背景と意義について述べる。

2 スペクトラム概念とは

(1) 定義

ウイングらの定義によると，ASD とは，社会的交流，社会的コミュニケーション，社会的イマジネーションの3領域に質的障害が発達期から存在すること（三つ組の障害）で定義される（Wing, 1996, 1997）。これにはカナー（Kanner, L.）が報告（Kanner, 1943）し，カナー・アイゼンバーグの基準（Eisenberg, 1956）を満たすような自閉症，アスペルガー（Asperger, H.）やウイングらが報告（Asperger, 1944, Wing, 1981）したようなアスペルガー症候群，またどちらにも合致しないが三つ組の障害を有する群が含まれる。

(2) ASDの歴史的変遷とキャンバーウェル研究

　ASDのスペクトラム概念を理解する上では，ASDの歴史的変遷を知っておくと理解しやすいので概説する。カナーやアスペルガーの報告によって，自閉症やアスペルガー症候群という名前が認識されるようになったのは70年以上前になるが，実際には，そのはるか以前から自閉症やアスペルガー症候群の特性を示す人々が存在していた可能性がある。例えば，ヨーロッパでは，妖精によって取り替えられた子どもの神話「取り替え子」や，13世紀には聖フランチェスコの弟子の一人であるジネプロ修道士の伝説があげられる。また，自閉症の子どもの可能性が高いとして，もっとも古く，正確に記録が残されているのは，18世紀末にフランスの医師イタール（Itard, J.）が報告した「アヴェロンの野生児」である。アヴェロンの野生児は，ヴィクトールという少年で，1799年にカンヌのアヴェロンで裸体で発見された。ヴィクトールは言葉を話すことはできなかったため，イタールは熱心に教育をしたが，あまり効果はみられなかった。それだけではなく，ヴィクトールは何か要求がある場合には人の手を強く引く，几帳面にものを揃える，どんなにご馳走を用意しても，ジャガイモを暖炉に投げ入れて温めて食べる行為を繰り返すような偏食，音に対して非常に過敏な一方，場面によっては人に声をかけられても動かないようなこともあったなど，自閉症的な特徴をもっている子どもだったと考えられる。

　その後も様々な報告がなされ，モーズレイ（Maudsley, H.）の小児精神病や，マーラー（Mahler, M.S.）の共生幼児精神病など，今振り返ると自閉症と思われる症例の報告はあった。しかし‘自閉（Autism）’という用語を用い最初にまとめたのは，上述したように，カナーの‘情動的交流の自閉的障害’，‘早期幼児自閉症’（Kanner, 1943, 1957）や，アスペルガーの‘自閉的精神病質’の報告（Asperger, 1938, 1944）に遡る。カナーの報告によれば極端な孤立と対人的無関心，同一性の保持，無言語かあっても反響言語等を特徴とし，生来性のものであると報告した。1956年にはカナー・アイゼンバーグの診断基準が提唱され，①情緒的接触の重度の欠陥，②無言語，あるいは考えや感情を伝達するために言葉を使わない，③物に没頭する，また物を器用に扱うが機能を活かした使い方はしない，④複数で反復的な決めごとがあり変化に抵抗する，な

どの診断基準が設けられた。

　一方，アスペルガーの報告によれば，自閉的精神病質は，他人への愚直で不適切な近づき方，特定の事物への激しく限定した興味の持ち方，文法や語彙は正しくても独り言を言うときのような一本調子の話し方，相互のやりとりにならない会話，運動協応の拙劣さ，能力的には境界線か平均的かもしくは優秀な水準であるのに1，2の教科に限る学習困難，常識が著しく欠けているなどの行動が特徴であった。アスペルガーの報告した子どもたちは，カナーの報告したケースと多くの類似点がみられたが，コミュニケーション能力や知的能力が，それらに比べて高いことが多く，「3歳を過ぎるまであるいは就学まで両親は子どもの異常に気がつかなかった」とされた。アスペルガーの論文は第二次大戦下ドイツ語で書かれたものであったため，1970年代まではドイツ語圏以外では日本やオランダなど一部の国にしか影響を与えなかった。

　その後，1979年になって，ウイングとグールドの行ったフィールド研究（Wing, 1979）がまとめられた。この研究は，ロンドン南部のキャンバーウェル地区にある子どもたちを調査したもので，①対人交流―特に子ども同士の交流に問題，②非言語性，言語性のコミュニケーションの問題，③反復的常同的な行動（つまり想像力の問題）の3つの領域のうち，どれか1つの領域の障害があり，また，知的障害がある18歳以下の子どもたちを全て調査した。その結果，3領域の障害が一人の子どもにまとまって出現すること（いわゆる「三つ組」の発見）が非常に多いこと，そのような子どもたちには自閉症と同じ教育や援助が必要であることがわかった。一方でそのような三つ組の障害をもつ子どもたちのうち，自閉症と診断されている子どもはわずかしかいなかったこともわかった。つまり，1979年当時は，自閉症の診断が狭小すぎたために，本質的に自閉症と同じ特性を持ち，本来なら自閉症への援助が必要な子どもが，十分に診断されず，適切な援助を受けられていない状況にあることが明らかになったのである。また，キャンバーウェル調査で，もう一点大事なことは，自閉症の社会性のタイプとして，人への関心が極めて乏しい孤立型，自分からは対人関係を開始しないが人が関わってきても拒否はしない受身型，積極的に対人関係をもとうとするが不適切にしか関われない積極奇異型を見出したことである。つまり，当時の自閉症のイメージは孤立型に限定されていたが，一見社

会性に問題がないようにみえ，他者と積極的に関わるが相互的な関係はとれない子どもたちなどにも社会性の障害があること，そのような子どもたちでもコミュニケーションや想像力に障害があることを明らかにしたのである。

本調査に基づいてウイングらは，1981年にアスペルガーの論文を引用して，カナーの基準は満たさないが，アスペルガーの報告に近い子どもがいることを報告した（Wing, 1981）。ただしアスペルガーの報告のように精神病質の中に位置づけるのではなく，自閉症との連続性を強調し，発達障害に位置づけた。またウイングは，自閉症と同じ三つ組の特性はあるけれど，自閉症と診断されていない子どもたちや大人たちを説明するために，こういったケースに対してアスペルガー症候群という名称を用いた。さらに自閉症とアスペルガー症候群を区分することの臨床的有用性も科学的妥当性もなく，どちらも同じ特性を持つ連続体として，双方を包含した自閉症スペクトラム概念を提唱し，その中に位置づけた（Wing, 1996, 1997）。ウイングはアスペルガー症候群およびASDのことを次のように3つの格言を用いて表現している（Wing, 2005）。①陽の下に新しきものなし。②何ものも名を得るまでは存在しえない。③自然が境界を引くときには必ず，混じり合う部分がある。

（3）操作診断におけるASDの扱いとスペクトラム概念

自閉症が国際的な操作的診断基準に登壇したのはDSM-Ⅲ（アメリカ精神医学会，1980）からである。かつて自閉症は小児期に発症した統合失調症と考えられていたが，DSM-Ⅲでは統合失調症と区分され，その名称は小児自閉症となった。またDSM-Ⅲ-R（アメリカ精神医学会，1987）では小児のみでないことから，小児自閉症から自閉性障害と名称が変更された。さらにDSM-Ⅳ（アメリカ精神医学会，1994）では，アスペルガー障害を，自閉性障害と関連のある広汎性発達障害に位置付けるか，パーソナリティ障害に位置付けるか議論の余地を残した形ではあるものの，大分類として，広汎性発達障害，その下位分類として自閉性障害やアスペルガー障害，特定不能の広汎性発達障害などが登場した。しかしその後の科学的研究の結果，これらはカテゴリー的な概念のように明確に区別できるものではなく，連続的であることから，DSM-5（アメリカ精神医学会，2013）ではこれらを包括し，自閉スペクトラム症とするスペ

クトラム概念が採用されている。ただ一方で，DSM の主要な目的である診断の信頼性を高めるという点から，同じ ASD の名称ではあるものの，ウイングらの提唱した三つ組と DSM-5 にみられる診断クライテリアには幾分違いがみられ，厳密には同一の概念ではないこと，またその診断項目が妥当性，つまり ASD の病態すべてを反映しているものではないことには留意されたい。

3 連続性と個別性

（1）連続性を支持する知見

　アスペルガー症候群が認知され，スペクトラム概念が発展してきた歴史的経緯とは反対に，その存在が知られて以降は，自閉症とアスペルガー症候群の差違を検討した研究が多くみられた。しかし現在はむしろスペクトラムであることを支持する様々な科学的証左が得られるようになってきた。例えば症状や行動レベルでの研究においては社会応答尺度（Social Responsiveness Scale）を用いた日本人での大規模研究（Kamio, 2013）がある。これによると自閉症群とアスペルガー症候群等の群，あるいは ASD 群と非 ASD 群とで各群間に明確な境界は存在せず，社会応答尺度のスコアが二峰あるいは多峰性の分布をするのではなく，連続的で全体として一峰性の分布をなすことが示されている。つまりいわゆる定型発達といわれる ASD の特性が顕著でないものから，ASD 特性が顕著なものまで連続的であるという所見である（図2-1・次頁）。これは海外で行われた Autism Spectrum Quotient, Quantitative Checklist for Autism in Toddlers , Childhood Autism Spectrum Test, Autism Spectrum Screening Questionnaire などでも同様の所見である。そのほか，家族性の研究，神経心理学的研究，脳構造画像および機能画像研究，遺伝子研究など様々な領域からもスペクトラムとしての ASD を裏付ける結果となっている。生物学的精神医学の詳細な知見は次の章に譲る。

（2）個別性を支持する知見

　ASD は定型発達から特性が顕著なものまで連続的であるが，その一方で，

最近の遺伝子研究から ASD は遺伝的に非常に不均質な群であることがわかってきている（Jeste, 2014）。また遺伝要因だけでは説明できず，非遺伝的な，つまり環境要因も神経発達に強く関与していることがわかってきている（Schendel, 2014）。さらに ASD と他の精神障害との連続性も示唆され（Adam, 2013），ASD で他の精神障害の併存が多いとする疫学研究（Lai, 2014）とも一致する。つまり個々の症例の診断や支援を検討する際に，自閉症なのかアスペルガー症候群なのかなどを検討することは臨床的意義に乏しく，スペクトラムとして捉え，大枠の支援の方略や方向性は共通すること，一方でその特性や抱える問題などは個々異なるため，個別に評価し，具体的な支援プランは個々に応じてたてることが重要であるということがうかがえる。

4 発達特性と発達障害

（１）診断の意義

ASD は脳の発達の在り方である。したがって診断・評価し，その特性を明

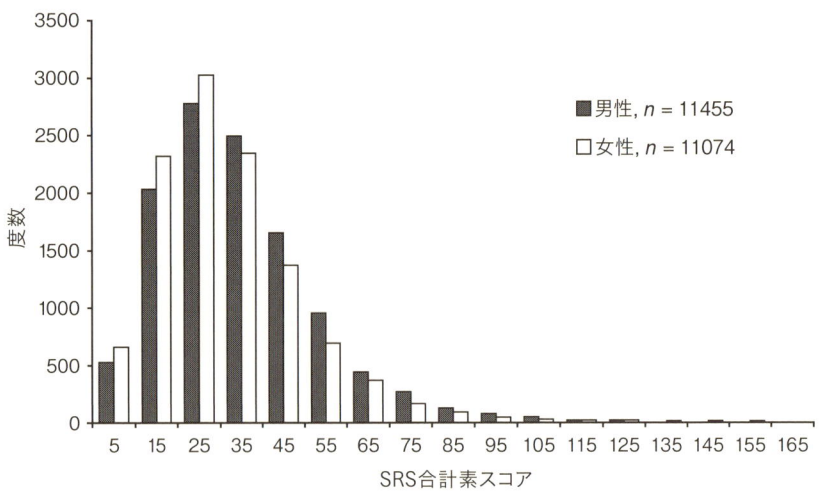

図2-1　6-15歳の一般人口における，養育者評価によるSRS合計素スコアの分布
（Kamio, 2013を訳）

らかにすることはつまり，本人の物事の認知の仕方や学習スタイルを明確にすることである。これは，子どもであればどのように養育していくべきか，大人であればどのように生きていくべきかを考える上で重要な手がかりとなる。ただ障害という視点で捉えると，その特性によって社会的，職業的，あるいはそのほか重要な領域において現在の生活上の困難さが生じているときに診断することとなる。多くの精神障害の場合，症状の強さと生活上の困難さは相関してくる。しかしASDの場合，その特性の有無あるいは程度が生活上の困難さに直結するとは限らない。ASDの特性が顕著ではあるが，生活上の困難さとして現れていないケースもある。なかには特性が強みとなっているものもいる。一方で，特性が一見わかりにくくても，適した環境が得られず，そのことで不適応状態となっているものもいる。したがって特性の程度と障害の有無は一致しないことも多い。バロンコーエン（Baron-cohen, S.）はDisroder（障害）のネガティブな印象や困難さのみならず，強みでもある点から，障害の有無とは別に，ASDの特性を，自閉症スペクトラムコンディションと呼んでいる（Baron-Cohen, 1998）。また本田も同様に自閉症スペクトラムの特徴は残しつつも社会適応のほとんど問題ないケースを非障害自閉症スペクトラムと呼んでいる（本田，2012）。

（2）早期診断と早期支援

　先にも述べたように，ASDの場合，その特性を本人や周囲が把握しておくことは重要である。認知特性に応じた環境を整えたり，進路や生き方を検討するためである。特性とあわない生活環境の中で症状が増悪したり，併存障害を生じるケースも決して少なくない。つまり本来は自閉症スペクトラムコンディションあるいは非障害自閉症スペクトラムの次元に留まれたにもかかわらず，環境因の問題が重畳することで他の問題を生じてしまうことがある。さらに環境への不適応から，他の精神障害等の発症までにタイムラグが存在することが通常である。つまり不適応状態が生じていてもそのことを把握することは難しく，症状が生じてからでは不適応状態が比較的長く続いてしまっていることも多い。したがって現在顕在化している不適応が一見なくても特性を適切に評価・把握しておくことは重要で，早期からの診断や介入は後年生じうる併存障害等

の予防につながる。

(3) 過剰か必要か

　ASD の診断を行う際の原則は，保護者からの発達歴や現症の丁寧な聴取と心理検査，加えて，休憩時間等の非構造化された場面や，集団場面での他者との交流の様子などに関する情報をあわせて検討することが必要である。またこの情報を収集する過程は診断・評価に必要であるとともに，本人や保護者が特性を改めて確認し，ASD という視点に触れ，本人の認知特性や行動の意味を理解することを促進し，支援プランを作成するための重要なプロセスとなる。

　先にも述べたように，ASD の特性が顕著でも社会適応がよく，自己肯定的に生活しているケースもあれば，その反対のケースもある。したがってどこまでを診断し，どこからは診断しないのかはその目的によって様々であることは自明である。スペクトラムとすることで境界があいまいになり，過剰な診断に至っているのではという議論を耳にする機会がある。ただその大半は適切な診断プロセスを経ず，診察する側の経験に基づいた，時としてごく短時間あるいは直観的な診断で議論されており，診断根拠の信頼性や妥当性が乏しい場合が多い。つまり過剰かどうかの議論というより，適切かそうでないかの問題が本質にあることが大半である。

　発達特性と障害かどうかの二つの尺度が存在する。診断・評価の目的を考慮し，特性としてどのような特徴があるのか，また障害としての福祉サービス等の利用は必要なのか等をそれぞれ検討する必要があると考える。そのような視点を持っていれば過剰な診断かどうかは大きな問題ではないように思える。

5　まとめ

　本章ではスペクトラム概念が提唱された歴史的経過も振り返りながら，科学的裏付けや臨床的留意点などとともにスペクトラム概念を概観した。ASD を発達特性として捉え，社会との相互作用の中で，その特性が長所として発揮され困難として現れないよう支援することが必要と考える。周囲のものは特性を明らかにする，つまり診断・評価することの目的とその重要性を十分に理解し

行っていく必要がある。今後さらに様々な臨床的・科学的知見が集約され，よりテーラーメードで妥当性のあるサービスが提供されるようになることを願う。

【引用・参考文献】

Adam, D. (2013). Mental health: On the spectrum. Nature, 496, 416-418

Asperger, H. (1938). Das psychisch abnormale Kind. Wiener Klinische Wochenschrift, 51, 1314-1317

Asperger, H. (1944). Die "Autistischen Psychopathen" im Kindesalter. European Archives of Psychiatry and Clinical Neuroscience, 117, 76-136

Baron-Cohen, S., et al. (1998). Autism occurs more often in families of physicists, engineers, and mathematicians. Autism, 2, 296-301

Eisenberg, L., and Kanner, L. (1956). Childhood schizophrenia; symposium, 1955. VI. Early infantile autism, 1943-55. American Journal of Orthopsychiatry, 26, 556-566

本田秀夫．(2012)．併存障害を防ぎ得た自閉症スペクトラム成人例の臨床的特徴．精神科治療学, 27, 565-570

Jeste, S.S., and Geschwind, D.H. (2014). Disentangling the heterogeneity of autism spectrum disorder through genetic findings. Nature reviews Neurology, 10, 74-81

Kamio, Y., et al. (2013). Quantitative autistic traits ascertained in a national survey of 22 529 Japanese schoolchildren. Acta Psychiatrica Scandinavica, 128, 45-53

Kanner, L. (1943). Autistic disturbances of affective contact. Nervous Child, 2, 27-250

Kanner, L., and Eisenberg, L (1957). Early infantile autism, 1943-1955. Psychiatric research reports of the American Psychiatric Association, 7, 55-65

Lai, M.C., Lombardo, M.V., and Baron-Cohen, S. (2014). Autism. Lancet, 383, 896-910

Schendel, D.E., Gronborg, T.K., and Parner, E.T. (2014) The genetic and environmental contributions to autism: looking beyond twins. Journal of the American Medical Association, 311, 1738-1739

Wing, L. (1981). Asperger's syndrome: a clinical account. Psychological Medicine, 11, 115-129

Wing, L. (1996). Autistic spectrum disorders. BMJ, 312, 327-328

Wing, L. (1997). The autistic spectrum. Lancet, 350, 1761-1766

Wing, L., and Gould, J. (1979). Severe impairments of social interaction and associated abnormalities in children: epidemiology and classification. Journal of Autism and Developmental Disorders, 9, 11-29

Wing, L. (2005). Reflections on Opening Pandora's Box. Journal of Autism and Developmental Disorders, 35, 197-203

第3章

最前線の生物学的精神医学研究から考える発達障害
——ASD研究からの示唆

千住　淳

1 はじめに

　発達障害は，器質的な要因によって発達の軌跡が定型発達の範囲を離れ，適応に困難を抱えるようになった状態である，ということができる。ゆえに，基礎研究の分野では「発達障害」ではなく，人口中の大多数とは異なる発達の様相として「非定型発達」という用語を用いることが多い。本書ではタイトルに合わせ「発達障害」を使用する。

　発達障害の中には，例えばダウン症候群やウィリアムス症候群，脆弱X症候群，ターナー氏症候群など，特定の遺伝子が欠けていたり，少なすぎたり，多すぎたりすることによって起こることが知られているものもある。一方，自閉症スペクトラム障害（ASD）や注意欠陥／多動性障害（ADHD），学習障害（LD）などの発達障害は，遺伝子の影響は大きいものの，特定の遺伝子の違いだけで診断ができるわけではない。こういった発達障害の場合は，医師などの専門家が保護者から子どものこれまでの発達の様子（生育歴）を聞き取ったり，本人を対象とした行動観察を行ったりすることにより診断することになる。なお，こういった生育歴と行動観察に基づいた発達障害の診断基準に関しては，世界保健機関や米国精神医学会などによって，国際的な標準化が行われている。

　本稿では，発達障害の一つであり，筆者の専門でもあるASDを例に挙げながら，発達障害の基盤となる遺伝子の違いや脳の働き・発達の違いなどについて，基礎研究から得られている知見を概説する。また，それらの基礎研究の結果から，発達障害の理解・支援についてどのように考えていけばよいのか，私見を述べる。

2 ASDと遺伝子

　ASDの原因が親の育て方でなく，遺伝子の組合せにあることを最初にはっきりと示したのは，双生児研究法による研究である。双生児研究は，一卵性双生児と二卵性双生児の「遺伝子の似方（一致度）」を元にしている。一卵性双生児は，母親の胎内で一つの受精卵がふたつに分かれ，それぞれ二人の子どもとして発達する。そのため，ふたりは基本的に100%同じ遺伝子をもっていることになる。一方，二卵性双生児は，母親の胎内でふたつの卵とふたつの精子がそれぞれ受精し，そこから二人の子どもとなる。つまり，同時に生まれてはくるものの，遺伝的には，二卵性双生児の関係は普通の兄弟姉妹の関係と同じく，遺伝子の半分（50%）を共有していることになる。一方，一卵性双生児も二卵性双生児も，親からの育てられ方や家庭環境などには違いがない，と考えられる。双生児研究では，こういった，ふたごが共通して経験する環境を「共有環境」と呼んでいる。

　もし，親の育て方（共有環境）がASDを引き起こす原因であるならば，一卵性双生児も二卵性双生児も，一方がASDであればもう一方もASDであるという割合（一致率）は同じであることが予測される。ところが，いくつかの研究により，一卵性双生児は，二卵性双生児よりも，ASDの一致率が高いことが繰り返し示されている（Bailey, Le Couteur, Gottesman, Bolton, & Simonoff, 1995）。つまり，ASDは親の育て方（共有環境）ではなく，それぞれの子どもが持つ遺伝子の組合せに大きな影響を受ける発達障害である，と結論づけられている。

　数多くの遺伝子研究の結果，ASDと関連のある遺伝子の違い（変異）について，徐々に理解が深まってきている。まず，ASDを抱える人のうち1-2割は，既に発達障害を引き起こすことが知られている特定の遺伝子の違いによってある程度説明されることがわかっている（Geschwind, 2008）。例えば，脆弱X症候群やアンゲルマン症候群，結節性硬化症などの既に知られている遺伝子性の疾患や，それ以外の場所における遺伝子の違い（16q11 deletion, 22q deletionなど）を持っている方々は，高い確率でASDを持つことが知られてきた。このように，人口中に占める割合は少ないものの，持っていると発達障

害など特定の状態を起こしやすい遺伝子の違い（変異）は，「希な変異（rare mutation）」と呼ばれている。また，それぞれの「希な変異」は，ASDを抱えた方々全体のうち，多くても1％程度（多くの場合それよりはるかに低い割合）の事例しか説明できない，ということもわかってきた。つまり，ASDを抱える方が10人いれば10通り，20人いれば20通りの「希な変異」がみつかるといっても，大きく間違ってはいないことになる。

さらに，これらの「希な変異」は，ASDになるかならないかを決定するわけではない。例えば，結節性硬化症につながる「希な変異」を持つ方のうち，ASDも持っている方は全体の2割程度にすぎない。つまり，この「希な変異」を持っている人100人のうち，ASDの診断を受けるのは20人程度，ということになる。他に知られている「希な変異」に関しても，ASDの診断を受けるかどうかを100％予測できるものはまだ知られていない。現在,それぞれの「希な変異」が，他の遺伝子や環境とどのような相互作用を引き起こすことによってASDへとつながっていくのかについて，研究が進められている。

一つの可能性として，「希な変異」は単独でASDを引き起こすのではなく，数多く，おそらくは数百以上の「遺伝子多型（common variant）」の組合せと相互作用することによりASDの発現に寄与しているのではないか，と考えられている。「遺伝子多型」とは，ABO式血液型に関わる遺伝子のように，遺伝子がいくつかの型（遺伝子型）に分かれており，そのうちの一つの型をそれぞれの親から受け継ぐことによって個人の特徴が決まる，というものである。数多くの遺伝子多型と「希な変異」が，偶然によって特定の組合せになることにより，ASDにつながるのではないか，と考えられている（Berg & Geschwind, 2012）。

このように，ASDは，遺伝子から見ると極めて多様な症候群である。このように様々な遺伝子の違いを持った方々が，なぜ共通の「障害」や「臨床像」を見せるのかについて，脳科学など様々な研究分野からの研究が進んでいる。

3 ASDと脳機能

　脳機能イメージング研究の進展により，他者理解やコミュニケーションに専門化した脳部位がいくつか報告されている。例えば，相手の顔を認識する働きには紡錘状回と呼ばれる場所が，相手の動きや視線，意図などを把握する働きには上側頭溝と呼ばれる場所が，相手の心の状態を推し量る働きには，側頭頭頂接合部や前頭葉内側部と呼ばれる部位が関係していると考えられている。これらの脳部位からなるネットワークのことを，社会脳ネットワークあるいは社会脳と呼ぶこともある。

　ASDにおいて，この社会脳の働き方が定型発達者と異なっているのではないか，という議論がある。例えば，人の顔を見ているときの脳の働き方を計測すると，ASD者では，定型発達者よりも，紡錘状回の働き方が弱い，という報告がある。また，相手の視線から，相手が何に注意を向けているか，何を見ているかを読み取る課題を行っているとき，ASD者の上側頭溝の働きが弱い，という報告もある。さらに，相手の気持ちや考えを読む課題，「心の理論」を調べる課題を行っているときの脳の働き方を計測すると，前頭葉内側部の働き方に，ASD者と定型発達者との間で違いがある，という報告もある。

　しかしながら，実験条件を整えることにより，ASD者が定型発達者と同じような社会脳の活動を示した，という研究報告もなされている。たとえば，画面に映し出された顔写真の真ん中に＋印を映し，そこを見るように注意を促した場合，ASD者も定型発達者と同じ程度，顔の処理に専門化した脳部位，紡錘状回の活動を示すことが報告されている（Hadjikhani et al., 2004）。他にも，家族や友達など，ASD者本人にとって「なじみ深い」顔を見せた場合にも，紡錘状回の働きが見られることが報告されている。つまり，ASD者は紡錘状回の機能そのものが欠損しているわけではなく，顔に自分から注意を向ける傾向が弱いため，いくつかの研究では紡錘状回の働きを見せなかったのではないか，と考えることもできる。

　さらに，ここ数年話題になっている研究として，ホルモンであり，神経伝達物質の一つでもあるペプチド，オキシトシンを経鼻吸入することにより，社会脳の働きが高められるのではないか，というものがある（Stavropoulos &

Carver, 2013)。たとえば，ASD 者がオキシトシンを経鼻吸入すると，相手の微妙な表情を読み取る課題で成績がよくなったり，相手の目を見る傾向が強くなったり，相手が自分とやりとりをしているのか，自分を無視しているのか，といった相手と自分との関係について敏感になったりすることが報告されている。なお，この効果は一時的なものであり，吸入後 30 分から 1 時間後に現れ始め，数時間で消えることも報告されている。オキシトシンの長期投与が ASD に与える効果については，現在日本をはじめ，各国で研究が進んでいる。

　ただし，このような行動変化が社会脳の機能変化を伴っているかどうかについては，丁寧に検証する必要がある。たとえば，ASD 者がオキシトシンを吸入したときに「顔を見分ける」課題を行って貰い，その際の脳機能を計測した研究（Domes et al., 2013）があるが，この研究では，オキシトシン吸入は ASD 者における相手の顔を見分ける課題の成績や，紡錘状回の働きを高めるわけではない，という結果が得られている。その代わり，この研究ではオキシトシン吸入が ASD 者における扁桃体の賦活に影響している，という結果が得られている。扁桃体は,感情の働きを制御したり，認識したものの「価値」を測ったり，生きていくのに重要な情報に「気付く」働きを行ったりしている，と考えられているため，ASD 者がオキシトシンを吸入することにより，扁桃体の働きが高まり，相手の顔に気付きやすく，注意を向けやすくなったのではないか，と考えることもできる。

　これらの研究から，注意を向ける先についてはっきりとした指示を与える，本人の興味がある映像を使うなどして，他人に注意が向くようにした場合，ASD 者も定型発達者と同じく，社会脳の一部を働かせることができる可能性が示されている。オキシトシンの経鼻吸入も，明示的な教示と同じく，他人に注意を向ける傾向を高めている可能性もある。これらの研究は,自閉症者が「社会脳」を構成する脳部位そのものに違いを持っているわけではなく，これらの脳部位が働くきっかけ，他人の行動に自然に注意が向いたり，相手がやっていることに自然に興味を覚えたりする心の働き，その背景にある脳の働きに違いがある可能性を示しているのではないか，と筆者は考えている。

　もう一点強調しておくべき点として，他者に注意を向けるように教示や訓練を行ったり，投薬などによって他者に向ける注意を高めたりすることができた

としても、それらの介入は直接ASD者の社会適応を高めるわけではないだろう、と筆者は考えている。たとえば、先に挙げたオキシトシン吸入実験においても、ASD者における紡錘状回の機能や、顔認識の機能の向上は見られていない。また、明示的に顔への注意を促した研究でも、紡錘状回の活動増加は見られても、それがより広い脳部位からなる「顔処理ネットワーク」全体の活動増加にはつながっていない、という報告もある（Hadjikhani, Joseph, Snyder, & Tager-Flusberg, 2007）。

4 ASDと脳の構造

さらに、脳の特定の場所でなく、脳全体の育ち方やつながり方の違いから、自閉症を理解しようという動きもある。例えば、ASDを抱えた方々の脳に見られる特徴の一つとして、「幼い頃、脳が大きい」というものがある。例えば、頭回りの大きさを測った研究では、1-2歳頃のASD児の平均的な頭回りの大きさは、定型発達児よりも少し大きい、という報告がある（Courchesne, Campbell, & Solso, 2011）。MRIなどの機器を使って脳の大きさを直接測った研究でも、同じような傾向が報告されている。この頭の大きさの違いは発達と共に小さくなり、7-8歳頃には違いが見られなくなると報告されている。これらの研究結果は、ASD児において、生後数年の間、定型発達児よりも脳の育ち方が「速い」あるいは「大きい」可能性を示している。

脳構造の発達速度の違いが、どのようにASDにつながるのかについては、まだ解っていない。例えば、脳の育ち方が急すぎると、神経細胞が混み合うため、離れた脳部位を結ぶ連絡路の形成に障害が見られる可能性もある。また、神経細胞の育ち方のバランスが定型発達児と違ってくることにより、脳機能局在の発達に違いが出てくる可能性もある。今後の研究が待たれるテーマである。また、頭囲には個人差が大きいため、単独で診断に用いることは現時点では不可能である。

頭囲に関する研究は、ASD児に見られる脳の育ち方の違いが、1-2歳の頃までに始まっている可能性を示唆している。発達初期の脳の育ち方が違ってくると、発達に伴って脳機能の局在やネットワークができてくる道筋に違いが

出てくると考えられる。つまり，ASD と脳機能の関係について理解するには，生後数年の間に脳がどのように発達するのか，その発達の仕方が，ASD 児と定型発達児との間でどのように違っているのかを理解する必要性が議論されている。

5 発達障害の理解に向けて

　遺伝子研究の積み重ねにより，ASD が遺伝子レベルでは極めて多種多様な「症候群」からなることが明らかになってきている。このことは，自閉症を「スペクトラム」として，つまり幅広い連続的な症候群として捉える見方の妥当性を示し，それが診断基準の改定と，ASD という診断名の採択につながっている。さらに，ASD の広がりの中には，ADHD や LD などの他の発達障害との重なりがあることも明らかにされてきており，ASD，ADHD，LD などを排他的な診断として用いるのではなく，人によっては複数の診断基準を満たすこともある，併存する状態として捉えるという，診断基準の改定につながっている。ASD を診断名で一括りにせず，臨床像や他の発達障害からくる困難さなどを個別にアセスメントして，個に応じた支援を行うことの必要性は，基礎研究からも支持されているものである，ということもできる。

　また，脳科学研究からは，ASD 者も，最適な条件を整えることができれば，発達に伴って社会的な情報を理解したり，認識したりする脳機能を見せることがある，という知見が得られている。つまり，ASD 者が対人コミュニケーションの場面で困難さを示しているとき，その困難さは社会的な情報を「理解」する脳の働きではなく，現実の社会的場面を理解するために必要な情報に素早く注意を向け，適切な反応を返す働きの弱さによるものである，という可能性についても考慮に入れる必要がある。

　定型発達者にとって，他者の顔色や場の雰囲気などは「自然に」注意を惹かれる情報であるため，どのように自分が注意を向け，どのように反応しているかを自覚することは，必ずしも簡単ではない。また，基礎研究においても，このような「自然な反応」が脳のどのような働きによって引き起こされているかについてはわかっていないことも多く，現在多くの研究が進められている。こ

ういった研究が進展することによって，ASD者が社会的な場面を「理解」するだけでなく，日常生活の中でその場面に「気付く」ためにどのような支援が必要なのかについても，有益な知見が得られることが期待される。

【引用・参考文献】

Bailey, A., Le Couteur, A., Gottesman, I., Bolton, P., & Simonoff, E. (1995). Autism as a strongly genetic disorder: evidence from a British twin study. Psychol. Med., 25, 63.

Berg, J., & Geschwind, D. (2012). Autism genetics: searching for specificity and convergence. Genome Biology, 13(7), 1-16.

Courchesne, E., Campbell, K., & Solso, S. (2011). Brain growth across the life span in autism: Age-specific changes in anatomical pathology. Brain Research, 1380(0), 138-145.

Domes, G., Heinrichs, M., Kumbier, E., Grossmann, A., Hauenstein, K., & Herpertz, S. C. (2013). Effects of Intranasal Oxytocin on the Neural Basis of Face Processing in Autism Spectrum Disorder. Biological Psychiatry, 74(3), 164-171.

Geschwind, D. H. (2008). Autism: Many Genes, Common Pathways? Cell, 135(3), 391-395.

Hadjikhani, N., Joseph, R. M., Snyder, J., Chabris, C. F., Clark, J., Steele, S., . . . Tager-Flusberg, H. (2004). Activation of the fusiform gyrus when individuals with autism spectrum disorder view faces. Neuroimage, 22(3), 1141-1150.

Hadjikhani, N., Joseph, R. M., Snyder, J., & Tager-Flusberg, H. (2007). Abnormal activation of the social brain during face perception in autism. Hum Brain Mapp, 28(5), 441-449.

千住　淳（2014）発達障害の生物的基盤はどこまでわかってきて，どう支援に結びつくか. 子どもの心と学校臨床. 10, 13-20, 遠見書房.

Stavropoulos, K. K. M., & Carver, L. J. (2013). Research Review: Social motivation and oxytocin in autism – implications for joint attention development and intervention. Journal of Child Psychology and Psychiatry, 54(6), 603-618.

第4章

発達障害理解のための心理アセスメント

明翫光宜

1 はじめに

「心理アセスメント」や「心理検査」と聞くと，読者の皆さんはどんなイメージが浮かぶだろうか。何か大がかりな精密検査をイメージするかもしれない。自分の能力が判定されるという恐れを抱くかもしれない。このように心理アセスメントという言葉から多くのイメージが抱かれ，また誤解も生まれやすくなっている。またこれらの誤解や偏見によって心理アセスメントが本来必要とされる人々に届かないことも十分に考えられる。そこで本論では「心理アセスメントの本当の目的と適切な利用の仕方」について考えてみたい。

2 心理アセスメントのプロセス

心理アセスメントは，心理検査やアセスメント面接の実施，結果の解釈，支援計画の策定，受検者へのフィードバックという流れを持っている。心理アセスメントを実施したことのある心理臨床家は，時間と労力がかかる作業であることを知っている。例えば，知能検査では実施に長いと2時間くらいかかり，また実施以上の時間と労力をかけて結果の解釈を行い，心理アセスメントレポートを作成していく。

このプロセスを知ると，「そんなにも時間がかかるのか？」と驚かれる方もいるかもしれない。「それほどまで時間と労力をかけて心理アセスメントを行うことにどんな意味があるのだろう？」と疑問に思われる方もいるかもしれない。心理臨床家は何のために心理アセスメントを行うのだろう？　それは「支援につながるその人の大切な理解を多くの人と共有する」ためである。

では，心理アセスメントが依頼される経緯とは何だろうか？　そもそも発達障害の子どもたちは何かの事情である行動（適応行動）ができなくて困っている。そして家族・教師は，なぜ子どもたちはある行動（適応行動）ができないのか，なぜ困った行動（問題行動）が起こるのかが理解できなくて困っている。そして子どもも周囲もどうやって今の行き詰まりを乗り越えていけばよいか理解できず困っている。つまり，困っていることの中身の一部は「わからない・理解できない」ということである。心理アセスメントとは，まさにこの「わからなさ」に光を当てて正しい理解を手に入れることに他ならない。

3 発達障害の心理アセスメントの特性

　心理アセスメントや心理検査と聞くと，たとえばバウムテストなどの描画法やロールシャッハ・テストをイメージするかもしれない。こころを理解するとのことから人間の無意識的な何か（葛藤）を映し出すレントゲンなどを想像するかもしれない。しかし，それは投映法という心理アセスメントの一つの分野であること，さらに発達障害の心理アセスメントにおいては投映法的理解よりも優先されるべき方法があることも心理臨床家としては知っておく必要がある。ここで筆者は投映法が発達障害の心理アセスメントに必要ないと言うつもりはない。筆者自身も発達障害の投映法研究を行ってきたし，ある条件下において有用であることも実感している。その条件下とは投映法の持つ解釈仮説を発達障害の認知特性に合わせた変更を行うことで利用可能性が広がるという点である。しかし，以下に述べるような社会的な仕組みと心理アセスメントとの関係を考えた場合，投映法以上に優先されるべきアセスメントがあるという事情を知っておく必要がある。

　発達障害の支援において，まず発達障害特性がどの程度あるかどうかを把握する必要がある。発達障害者支援法の施行以降，保育園の加配の保育士配置や通級指導教室の利用，就労支援などが充実してきた。これらの支援を利用するにあたって，心理臨床家が「障害特性の有無や度合いを把握できること」が，とても重要になっている。わが国では支援の継続や必要性の根拠を示す役割を心理アセスメントが担っていると言えるのである（辻井，2013）。例えば，保

育園の加配配置や学校現場での補助員，通級指導教室などの利用では関係機関長や自治体から発達障害であることの根拠が求められる。その根拠が心理臨床家の心理アセスメントレポートとなる場合があるのである。そして発達障害特性を抱える人がこの世の中に多く存在することは，現代の発達障害研究が明らかにしてきたことであり，発達障害特性を把握するアセスメントツールを活用できることは必須となってくるであろう。

4 発達障害のアセスメント面接

　多くの心理臨床家は，主に初回面接時に養育者から子どもの現在の様子や過去の発達歴などを把握することが多い。実際に実施にあたって生育歴の何を情報収集するのかを訓練中の心理臨床家から尋ねられることも多いので，ソールニア＆ヴェントーラ（2012）の臨床面接や筆者が実際に行っているアセスメント面接での要点を紹介する。

　まずは主訴の確認である。内容は発達障害特性に関連したものであることが多いが，主訴の内容が診断基準と関連しない問題行動（睡眠・食事・攻撃性・自傷行為など）も多くあることにも注意する必要がある。その問題行動が，いつどこで生じるのか，それが子ども自身や家族の機能をどの程度脅かすのかの情報も必要である。この主訴とされる問題行動の対応を考える上で応用行動分析の機能アセスメントの視点が非常に役立つので，心理臨床家の個々が持つオリエンテーションを問わず，機能アセスメントの手順を学習することが望まれる。

　次のステップは発達歴である。乳幼児期の発達過程において，運動，言語，社会性などの発達が年齢相応であるかどうかを理解していくことになる。まず，妊娠出産の状況について確認し，乳児期の発達過程の聴取に入る。

　運動発達では，首の坐り，寝返り，ひとり座り，ハイハイ，つかまり立ち，歩き始めの時期に注目する。言語発達では，喃語，名前を呼んで振り返る，大人からの言葉の理解，始語，2〜3語文，双方向コミュニケーションの様子などである。特に高機能圏の自閉症スペクトラム障害の子どもたちは，言葉の発達は順調であるがコミュニケーションが一方通行であり，双方向のやり取りに

なりにくいという報告が多いので，双方向コミュニケーションという視点は重要である。社会性では，微笑み返し，アイコンタクト，人見知り・後追い，指さし（要求・叙述），やり取り遊びや模倣，ジェスチャーの理解，他児への関心，他児とモノを共有する，友人関係などに注目する。その他の重要事項では，夜泣きや気質，排泄，感覚過敏，かんしゃく，多動・迷子などの問題がなかったかを確認する。

　これらの発達過程を聴取しつつ，1歳半健診や3歳児健診の様子と対応，保育園・幼稚園の様子，小学校での様子と子どもの発達に心配し始めた時期について確認し，親の子育ての大変さも理解し，対応されてきた親をねぎらうように努める。なお，面接を行っていて情報収集した発達過程が年齢相応かどうかについて戸惑うことが多いと耳にする。ここで取り上げた項目についてあらかじめ定型発達ではいつごろ出現するかなどについては発達心理学の知見を調べ，面接シートにメモした上でアセスメント面接を行うなどの工夫が必要である。時系列に聴取していくと現在の状況へと移ってくるが，主訴となるような問題行動だけではなく，現在の遊び・楽しみにしていること，得意なこと，身辺自立，コミュニケーションの方法などについても把握する必要がある。なお，現在の適応行動についてのアセスメントは次項のアセスメントツールで紹介する日本語版ヴァインランド-Ⅱ適応行動尺度を使用することが有用である。

　家族歴では，近親者に発達障害と診断されている，発達障害特性がある人がいるかどうかを確認する。また母親自身のメンタルヘルスの問題（気分障害）などは虐待のリスクファクターにもなっており，家族支援のメニューを考えていくうえで重要な情報となる。

　これらの情報を丁寧に聞いていくと，子どもの状態像（発達障害特性の有無）と問題の背景など大まかに理解することができる。次のステップとして子どもの知能検査や適応行動のアセスメントを行うことになるであろう。そこで立てた仮説について客観的に確かめたり示す必要性がある場合や少ない回数の面接で素早い判断を求められる場合などは，次に述べる発達障害特性を把握するアセスメントツールを活用することが望まれる。

5 発達障害のアセスメントツールの活用

　先ほどアセスメント面接での要点を示したが，アセスメント面接をしていく中で重要だと思った点や気になる点はアセスメントツールを活用することが望まれる。日本における発達障害の心理アセスメントは，現在大きく変わろうとしている。知能検査・発達検査に頼っていた時代から障害特性にターゲットを当てたアセスメントツールが次々に日本語版として登場しているためである。そしてアセスメントツールについてのガイドラインも出版され（辻井監修，2014b），テストバッテリーの組み方などのメニューもより明確に考えることができるようになっている。

　では発達障害支援に必要な情報とは何だろうか？　支援者は，以下に述べるような情報（明翫, 2014）を基礎知識として知っていることが必要になる。

（1）障害特性

　ある側面が非常に苦手であるがゆえに困難が生じているわけであるから，発達あるいは認知のどの領域に苦手な側面があるのか，あればどの程度困難なのかを把握する必要がある。発達障害特性は，合併がしばしばあるので1つの障害特性が該当しても，他にも合併の可能性があるかどうか検討することが望まれる。自閉症スペクトラム障害（ASD）特性を客観的に把握することが必要な場合，ADI-R（金子書房）やADOSが世界的にはゴールドスタンダードではあるが，より簡便であるPARS-TR（スペクトラム出版）は信頼性・妥当性も保証され，多くの心理臨床家が使いやすいアセスメントツールとなっている。

　注意欠如多動性障害（ADHD）特性を把握するには，児童であればADHD-RS（明石書店），Conners3（金子書房）がある。両者ともにDSM-Ⅳ-TRに準拠した質問紙である。簡便さを求めるならばADHD-RSであり，反抗挑戦性障害や素行障害などの二次的障害のリスクなども視野にいれたアセスメントを計画するならばConners3を選択することになる。特にDSM-5からは自閉スペクトラム症／障害と注意欠如多動性障害の併記が可能になったので，この2つは常にチェックする必要があるといえる。

第4章 発達障害理解のための心理アセスメント

（2）全体的な知的発達水準

　現在，どのくらいの水準の理解度があるのか，物事の理解の仕方に何か特徴はないか（苦手な情報処理だけではなく，得意な情報処理も理解できる）を推測できる。これによって取り組むべき支援の課題やコミュニケーションのレベルもクライエントに合わせていくことができる。代表的なアセスメントツールは知能検査である。知能検査の解釈で注意を要するのは，単にIQの数値やプロフィールのパターンからのみ所見を組み立てるのではなく，質的分析を行い，その数値や回答が生み出されたプロセスなどを検討する必要がある。そのプロセスでわかってきたことが次に検討する適応行動のアセスメントにつながっていく。なお，ここで述べた知能検査の解釈方略は糸井（2013）に詳しい。

（3）日常生活の適応状態

　次に，実際に日常生活においてどんな適応行動が達成しているのかを把握する。適応行動については長らく日本では適切なアセスメントツールが存在しなかったが，2014年10月に日本語版ヴァインランド-Ⅱ適応行動尺度（日本文化科学社）が販売された。日常生活の個々の生活スキルに対してどのスキルがサポートなしで達成できているか，あるいはサポートがあれば達成できるか，未達成かについて明確にたどることができる。このように日本語版ヴァインランド-Ⅱ適応行動尺度を用いて丹念に子どもの適応行動の達成状況をたどっていけば，実は個別の支援（指導）計画の目標設定と連動するという利点がある。今後，発達障害理解のための必須ツールとなることは間違いないであろう。二次的障害のリスクの全般的な状況を把握する場合は，子どもの行動チェックリスト（スペクトラム出版）が有用である。

（4）妨害要因

　本人と接したり，支援計画を立てたりしていくうえで，スキルの学習に困難をきたしてしまうような要因（例：感覚過敏など）について知っておく必要がある。感覚過敏などの感覚処理の困難さは日本語版感覚プロフィール（日本文化科学社）が販売予定であり，過敏性の程度を客観的に把握できるようになる。

以上4つの視点でアセスメント情報がそろってきたとき，アセスメントを行う前よりも，本人と接するときにどんなことに留意すれば良いか（例：過敏性・コミュニケーションや理解度のレベル），課題の設定やレベルの調整が分かりやすくなる。実はこのアセスメント過程で収集した情報は，まさに個別の支援（指導）計画の実態把握で必要とされている基本情報（竹林, 2006）とほぼ対応する。個別の支援（指導）計画は，特別支援教育や障害児者福祉でも必要とされているが，主な作成者である保育士や教師，指導員はこれらの心理アセスメントに関するトレーニングを受けているわけではない。心理臨床家と保育士・教師・指導員と協同で個別の支援（指導）計画が作成できることが望まれる。

6　おわりに ── 発達障害の心理アセスメントとは

　発達障害という視点が現在精神医学や臨床心理学に再構築をもたらしている。本稿で述べた心理アセスメントに関しても，おそらく大きな変化が起きていると筆者は実感している。以前の心理アセスメントは，少なからずクライエントの精神内界や内的世界の理解に光が当たっていた。しかし，発達障害の心理アセスメントにまず優先されるべき点は，個別の支援（指導）計画につながる日常生活のためのアセスメント（辻井, 2014）であることがはっきりしている。つまり，現実の中で何ができていて，何ができないか，どんなふうに困っているかという「現実をアセスメントする」ことになる。発達障害の視点は，心理アセスメントという分野に「現実をアセスメントする」という視点と方法論を追加したことになるのではないだろうか。この変化は心理臨床家に多少の動揺と学ぶべき内容を与えたことになるかもしれない。しかし，以前は少数の卓越した発達障害の専門家のみが主に面接や観察を用いて得ていた情報を，これからは多くの心理臨床家が必要なトレーニングを積めば客観的な数値でアセスメントできる変化ともいえる。そして何より必要なアセスメントが正確にかつ客観的に出来るようになることは，発達障害児者にとって多くの幸福につながっていく。そう考えたとき，我々はこの新しい「現実をアセスメントする」視点を「支援をつなげるためのアセスメント」となるよう努力をしていきたい。

【引用・参考文献】

糸井岳史（2013）発達障害特性を持つ事例の WAIS-Ⅲ解釈方略．ロールシャッハ研究．17, 17-20.

明翫光宜（2014）心理アセスメントとは？．発達障害児者支援とアセスメントのガイドライン（辻井正次監修）金子書房．

SaulnierCA & VentolaPE (2012) Essentials of Autism Spectrum Disorders Evaluation and Assessment. John Wiley & Sons.（黒田美保・辻井正次監訳（2014）自閉症スペクトラム障害の診断・評価必携マニュアル．東京書籍）

竹林地毅（2006）作って元気になる「個別の指導計画」をめざして．特別支援教育研究．609, 6-11.

辻井正次（2013）わが国における発達障害児者の生涯にわたる支援の枠組み．臨床心理学．13(4), 463-467.

辻井正次（2014）発達障害のある人が障害特性を持ちながら生活することを支える研究と支援．臨床心理学．14(1), 17-20.

辻井正次監修（2014）発達障害児者支援とアセスメントのガイドライン．金子書房．

第5章

自閉スペクトラム症を「身体障害」の視点からとらえる

熊谷晋一郎

1 背景

　障害学という学問では，障害をインペアメント（impairment）とディスアビリティ（disability）の2種類に分類することがある。インペアメントとは多数派とは異なる身体的な特徴のことであり，ディスアビリティは多数派向けにデザインされた人為的環境と，インペアメントをもった身体との間に生じた齟齬のことである。例えば，エレベーターが設置されていない映画館では，車いすで移動する人は映画を楽しむことができない。このとき，多数派と関節の可動範囲や身体運動の制御の仕方が異なるその人の身体的特徴はインペアメントであり，「映画を楽しめないこと」がディスアビリティに相当する。そして，ディスアビリティを解消するためには，リハビリや手術などの医学的な方法によって身体を映画館のデザインに適応させる以外に，少数派の身体にデザインを適合させる方法があるという点が重要である。

　以上のような考え方をふまえて，次に自閉スペクトラム症（ASD）について考察をしてみよう。ASDとは「社会的コミュニケーションと社会的相互作用における持続的な欠損」と「行動，興味，活動の限局的かつ反復的なパターン」の2つの特徴によって定義される，神経発達障害とされている（APA, 2013）。本稿では，より中核的な特徴とされる「社会的コミュニケーションと社会的相互作用における持続的な欠損」という記述について考えてみたい。この記述は，インペアメントを表現したものだろうか，それともディスアビリティを記述したものだろうか。

　もちろん，医学的な診断は本来インペアメントを記述するものであるはずだから，ASDの記述についてもそうであることが期待される。しかし，社会

やコミュニケーションのありようが映画館と同様，人為的にデザインされた環境であるとするならば，その環境との乖離は，ディスアビリティとみなすのが妥当だろう。実際，ASD 者のコミュニティ（Bagatell, 2010）や，ASD 児の日常生活（Ochs and Solomon, 2010）を調査した人類学的な研究では，ASD 者は社会性やコミュニケーションに障害があるのではなく，多数派の人々が共有しているデザインとは異なる社会性やコミュニケーションのありかた（Autistic Sociality; Ochs and Solomon）を実現しうることが示唆されている。

　本章では，従来の診断基準をディスアビリティレベルの記述として理解したうえで，あらためてそれとは別の次元にある ASD 者の身体的な特徴に目を向けることにしたい。その作業の先に，個々のインペアメントに合った環境のデザインを構想するというバリアフリーへの展望が描かれるだろう。

2　他者理解の前提としての身体の類似性

　ASD はしばしば，「メンタライジングの障害」という概念で説明される（Frith, 2012）。メンタライジングとは，「他者の行動的表出から，心理的状態（意図，感情，知識，信念）を推測する能力」もしくは「他者の行動的表出の原因や解釈や予測を，心理的状態という概念に基づいて行う能力」のことである（Boucher, 2012）。この説では，ASD 者は「他者の行動から心理的状態を推測できない」というインペアメントを持っていると主張されている。

　ただしメンタライジング及びその障害という記述の中にも，他者という環境が登場している。そしてその他者が，本人と近い身体的特徴や経験を持っているか否かによって，メンタライジングの成否が影響を受けることは容易に想像がつく。したがって診断基準同様，メンタライジングの障害という記述も，インペアメントではなくディスアビリティに関するものである可能性がある。本節ではこのことに留意しつつ，メンタライジングのメカニズムに関する先行研究を概観し，身体特性がそこにどのように作用しうるかについて考えてみる。

（1）他者理解の段階 1：同定

　社会心理学ではメンタライジングのメカニズムに関する議論が帰属理

論（attribution theory）という名称のもとで積み重ねられてきており，いくつかの「帰属的推論に関する二段階モデル（dual-process models of the attributional inference）」が生み出された（Lieberman et al, 2002）。二段階モデルでは，メンタライジングの過程は，はじめに同定（identification），続いて帰属（attribution）という二段階を経て進むと考えられている。

まず同定について説明するために，木々が生い茂るうっそうとしたジャングルの中で，植物に擬態した動物を見つけ出そうとしている状況を思い浮かべてみてほしい。木の枝や枯葉にそっくりな昆虫が同定されるのは，おそらく彼らが動いた時だろう。しかし，本物の木の枝や枯葉であっても風がふけば動くことはある。我々は，風によって動かされている枯葉と，あたかも意図を持っているかのように動く枯葉そっくりの昆虫とを，その動きのパターンから区別することができる。このように，意図性をもった動き（バイオロジカル・モーション）を同定する段階は，メンタライジングの第一のステップである。

意図性のある動きとない動きの違いとはなんであろうか。意図的な動きは，最終的な目標地点を措定した動きということができる。したがって，目標に向かって制御されている動きに特有なパターンの検出は，同定段階において重要である。目標物に手を伸ばす到達運動とはそのような運動の例であり，ペンやコップを取ったりするときに行う，日常でもっともありふれた運動のひとつだろう。到達運動において始点と終点は定めることが出来るが，途中に手先が取るべき軌道は決して一意には決まらない。目標物に手を伸ばすのが目的なら，途中にどこを通っても構わないからである。しかし実際に手を伸ばすときには，どうにかして軌道を決めなくてはならない。これを軌道形成問題という。

1970年代後半から行われた到達運動の心理物理実験の結果によると，到達運動は，眼球運動や書字などの微細なものから，全身運動のような粗大なものに至るまで，速度が時間の4次関数で表現される釣鐘型の形状を持つことが報告された。この釣鐘型の速度形状がどのような原理に基づいて形成されるかについてハリス（Harris）とウォルパート（Wolpert）は，筋肉や神経細胞の活動に内在する生物学的なノイズのもと，目標点の周りでの手先のばらつきを最小にする条件が満たされたときに，釣鐘型の軌道形成が実現されるという最小分散モデル（Minimum variance model）を提案した（Harris and Wolpert,

1998)。

　一方，ASD者の到達運動における軌道形成についてクック（Cook）らは，ASD者の運動が定型者に認められる釣鐘型の速度プロフィールから乖離しており，その乖離度合いがASD傾向の強さやバイオロジカル・モーションの同定成績と有意に相関していることを報告した（Cook et al., 2013）。最小分散モデルをふまえると，ASD者におけるこのような運動の特徴は，軌道形成においていつまでもばらつきが最小化せず，習慣化や自動化が生じにくいということを示唆しているのかもしれない（Fabbri-Destro et al., 2009）。自己運動制御におけるインペアメントが，他者の意図的な運動の同定困難につながりうるという知見は興味深い。

　しかし，自己運動制御に利用する神経回路が他者の意図的運動の同定にも流用されるのだとすれば，類似した神経回路を持つASD者同士であれば，相手の運動の同定が可能になると言えないだろうか。人類学者のバガテル（Bagatell）は，あるASDコミュニティのミーティングで，男性がふたりで隣り合って座っているのを見た。片方は指をとんとんと一定のリズムで叩いており，もう片方はその指のリズムに合わせて前後に体を揺らしていた。ぱっと見ると，ふたりの動きはあっていないように見えたが，数分経って気づいたのだが，ふたりの動きはきっちりシンクロしていて，バレエに近いぐらいだった。彼らにとって社交するというのは他の人の近くにいるというだけのことなのだった。このような現象はコミュニティの中で「相互交流的スティミング」と呼ばれている。「スティミング（stimming）」とは，自己刺激（self-stimulation）の略で，手をパタパタさせたりくるくる回ってみたり，前後左右に揺れてみるといったことであるが，このようなASD者に特有の運動が相互に同定され，模倣されるということは，類似した運動制御の回路をもつ者同士の同定と模倣の可能性を示唆する（Bagatell, 2010）。

（2）他者理解の段階2：帰属

　「コップに手をのばす」という意図的運動が同定されたとしても，その運動がコップの中身を飲むために行われたのか，コップに注ぎ足すために行われたのか，それとも不審者にコップを投げつけて攻撃するために行われたのかは，

同定段階では分からない。メンタライジングの二番目にくる帰属（attribution）という段階は，それらを推測する過程である。帰属には，「多くの事物や人々が持つ自分とは異なる永続的特徴と，それらが織りなす巨視的な相互作用のパターンに関する知識」を参照する必要があるが，その知識を獲得するためには，連続的な感覚運動情報を時空間的に配置し，さらにそれを様々なモノやヒト，事象へと離散的にカテゴリー化するような表象システムが必要となる。

カテゴリー化に関してカイファー（Kiefer）とパルバミュラー（Pulvermüller）は，概念的知識の神経基盤に関する理論的研究をレビューし，それらを経験的研究の知見と照らし合わせた。彼らのレビューによれば，カテゴリー化された知識には，「赤」「丸い」「甘酸っぱい」「皮をむく」など，具体的な感覚運動情報のパターンである「特徴」と，複数の概念的特徴を統合した超モダリティ的で抽象的な「概念」（リンゴなど）の二つの階層がある。彼らは，特徴は，それが獲得された時の特異的な感覚・運動経験に応じて，各々異なった感覚・運動領域に貯蔵されており，概念は，超モダリティ的な情報統合を行う側頭葉に貯蔵されているというカテゴリー表象モデルを提案した（Kiefer and Pulvermüller, 2012）。

一般にカテゴリーとそこに含まれる具体例の間の関係は，ある例はカテゴリーをよりよく代表している「良い例」（多くの特徴を共有する凝集性の中心）であり，別の例はあまりカテゴリーを代表していない「悪い例」（部分的にしか特徴を共有していない周縁）であるという「典型例構造（typicality structure）」をもっている。ガスゲブ（Gastgeb）らは，小児期（9–12歳），青年期（13–16歳），成人期（17–48歳）の3つの年齢段階で，ASD者と定型発達者で典型例効果を比較した（Gastgeb et al., 2006）。その結果，典型度の高低に関わらず，またASD者であっても定型発達者であっても，カテゴリー化能力は年齢とともに向上し，典型度の高い例の場合には，カテゴリー化の能力にASD者と定型発達者とで有意差はなかった。しかし，典型度の低い例に対するカテゴリー判断については，ASD者は定型発達者に比べて不得意であった。

ガスゲブによると，非典型例のカテゴリー化には，「1. 対象物を構成する部分的な特徴が，どのような時空間的パターンで配置されているかの量的認知」

「2.すでに獲得されたカテゴリーと非典型例とが,どれくらい類似しているかの量的認知」「3.複数の部分的な特徴のうち,どれに重み付けをしてカテゴリー抽出を行うかの柔軟な判断」など,特徴間の時空間配置にかかわる能力が要求される。ASDにおいて非典型例の認識が不得意であるという知見は,こうした量的な時空間配置の苦手さを示唆する。それをカテゴリー化で代償するとすれば,定型発達者が非典型例とみなす対象を典型例として処理できるように,典型例構造の概念粒度を細かくする必要がある。

このことは,自然言語のカテゴリーが多数派の概念粒度に合わせてデザインされている可能性があることを示唆する。逆に言えば,ASD者の概念粒度に合ったバリアフリーな言語体系が構想されてもよいのであって,事実,自然言語よりも概念粒度の細かい専門的語彙に親和性をもつASD者の存在は,その方向性の妥当性を支持するともいえる。

3 ASDのインペアメントとバリアフリーな動き・言語のデザイン

連続的な感覚運動表象は,そこから永続的なパターンを抽出することによって,離散的表象(自己身体,時空間,モノ,他者,場所,事象など)を構成する。図5-1(次頁)で灰色の丸は離散的表象,破線は連続的感覚運動表象を表している。一般に,情報の時空間的配置(到達運動制御やエピソード記憶の構築)においても,カテゴリー化(典型例構造の構築)においても,離散的表象同士の間隙を埋めるように連続的感覚運動表象が構造化されている必要があるが,ASDの場合,この2つの表象が乖離しているか,二つはリンクしているが離散的表象の粒度が細かいことが推測される。その背景には,連続表象から離散表象への抽出過程の非定型性があるのではないかと,筆者は推測している。

本稿で述べてきたASD者のインペアメントに関するリストと,それをふまえた,ディスアビリティを軽減させうる動き・言語のバリアフリー・デザインの提案が表5-1(次々頁)である。ただし,ASDと括られた人々のインペアメントは多種多様である(Happé et al, 2006)。したがって,表5-1にまとめた各インペアメントは,各々のASD者の中で様々な割合で混合されているだろうし,このリストが網羅的なわけでもないだろう。今後は,ASDカテゴリー

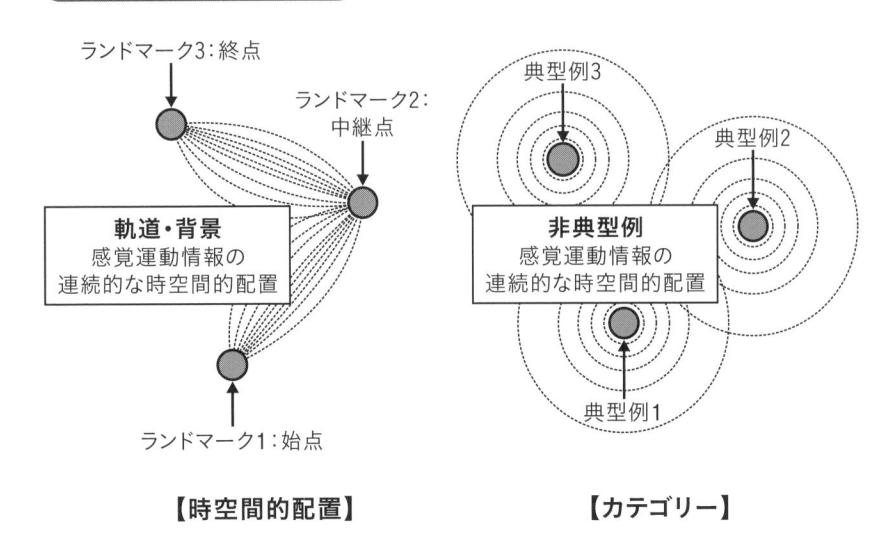

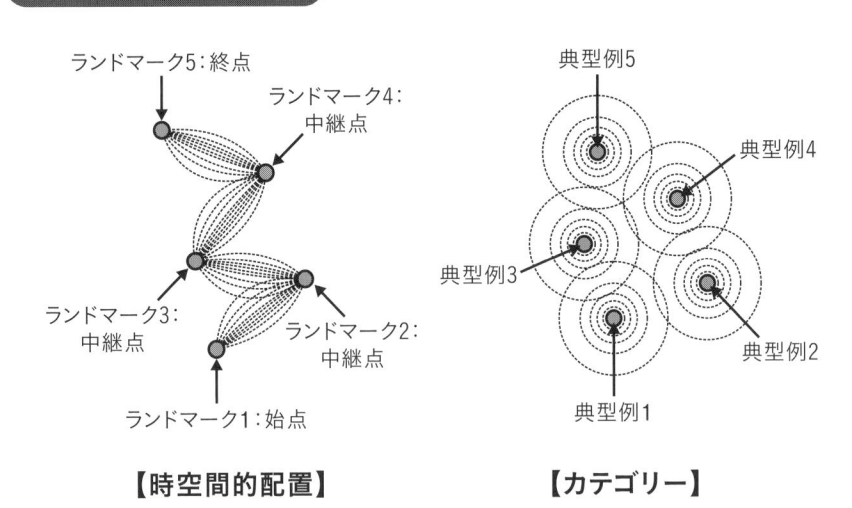

図5-1　ASDにおける連続表象(量的表象)と離散表象(質的表象)

表5-1　ASD者のインペアメントとバリアフリー・デザインの提案

●同定のレベル
　インペアメント）運動制御や内臓制御において，「内臓感覚―運動指令―外受容感覚」の時空間的パターン統合が安定せず，習慣化や自動化が生じにくいため，相手の運動・感情の同定が困難になる。
　デザインの提案）類似した制御回路を持つASD者同士が生み出す動きのパターンであれば，相手の運動・感情の同定が容易になる？

●帰属のレベル
　インペアメント）感覚運動レベルの特徴を時空間的に配置することの困難があり，抽象的な概念の粒度が微細化している。
　デザインの提案）ASD者の概念粒度に合った言語体系をデザインすることによって，経験に接地した言語獲得と他者との経験共有が促される？

単位での研究だけでなく，個人単位でのインペアメントと，それに合ったコミュニケーション，言語，社会のデザインを明らかにする研究も欠かせない。当事者コミュニティの中で自発的に生成されるデザイン（綾屋, 2012）はその有力な候補といえよう。

【引用・参考文献】

綾屋紗月（2012）．Necco当事者研究会会報「テーマ：疲れるって何？」Necco当事者研究会．2012-12-12.（https://docs.google.com/file/d/0B_sNob6PtFXSQjJUTGZKSkRGUkE/edit?usp=sharing,［参照 2014-7-23］．）

American Psychiatric Association. (2013). Diagnostic and statistical manual of mental disorders (5th ed.). Washington, DC. Author.

Bagatell, N. (2010). From Cure to Community: Transforming Notions of Autism. Ethos, 38,

33-55.

Boucher, J. (2012). Putting theory of mind in its place: Psychological explanations of the socio-emotional-communicative impairments in autistic spectrum disorder. Autism, 16, 226-246.

Cook, J., Blakemore, S. J. and Press, C. (2013). Atypical basic movement kinematics in autism spectrum conditions. Brain, 136, 2816-2824.

Fabbri-Destro, M., Cattaneo, L., Boria, S. and Rizzolatti, G. (2009). Planning actions in autism. Exp Brain Res, 192, 521-525.

Frith, U. (2012). Why we need cognitive explanations of autism. The Quarterly Journal of Experimental Psychology, 65, 2073-2092.

Gastgeb, H. Z., Strauss, M. S. and Minshew, N. J. (2006). Do Individuals With Autism Process Categories Differently? The Effect of Typicality and Development. Child Development, 77, 1717-1729.

Happé, F., Ronald, A. and Plomin, R. (2006). Time to give up on a single explanation for autism. Nat Neurosci, 9, 1218-1220.

Harris, C. and Wolpert, D. M. (1998). Signal-dependent noise determines motor planning. Nature, 394, 780-784.

Kiefer, M. and Pulvermüller, F. (2012). Conceptual representations in mind and brain: theoretical developments, current evidence and future directions. Cortex, 48, 805-825.

Lieberman, M., Gaunt, R., Gilbert, D., and Trope, Y. (2002). Reflection and reflexion: A social cognitive neuroscience approach to attributional inference. Advances in Experimental Social Psychology, 34, 199-249.

Ochs, E. and Solomon, O. (2010). Autistic sociality. Ethos, 38, 69-92.

第6章

発達心理学の観点から発達障害を理解する

　　　　　　　　　　　　　　　　　　　　　　　　　　　　長崎　勤

1 はじめに――自閉症支援になぜ発達的観点が不可欠なのか？

　「自閉症支援になぜ，発達的観点が不可欠なのか？」という問いはある人々にとっては当たり前すぎるかもしれないが，日本の療育・教育現場では，その答えを必ずしも皆が共有しているわけではない。

　その答えは，一言で言えば，自閉症児（Aさんとしよう）も，当然のことながら発達していくということである。

　他の子どもと同様に，Aさんの発達に合わせて（発達の最近接領域に合わせて）大人が関わり，環境を整えていく，ということである。

　ただ，自閉症児独特の発達の仕方の特徴や道筋があるので，それに対し，大人の関わり方や，環境について特別な配慮をしながら，ということである。

　「自閉症児は○○なので，△△△しなければならない」といった一般公式のようなものは存在しない。「子どもは○○なので，△△△しなければならない」といった公式は意味をなさないのと同様である。あくまで一人のAさんがいて，Aさんの発達水準や特性，またAさんの環境にあわせた関わり方があるだけである。

　日本では，あまりにも単純化された公式が氾濫していて，そのことがむしろ，Aさんを率直に理解することを妨げていることさえ多々ある。別の言い方をすれば，Aさんを真に理解し，関わろう，ということである。

　詳細については別項に譲るが（長崎, 2008；長崎, 2012），発達障害児を発達的観点から捉えることで，理解を深め，支援の方法が一段と広がる。以下，自閉症児の社会的認知発達の障害を中心にその研究と，支援について述べたい。

2 自閉症理解への発達心理学の貢献：社会的認知発達の障害を中心に

　1960-1970年にかけて，それまでの母子関係の問題や母親の愛情不足といった考え方から，認知・言語などの脳機能の障害（Rutter, Greenfeld, Lockyer, 1967）という考え方が主流になり，コペルニクス的転換とも言われた。

　しかし，1980年前後から自閉症児の発達研究が進み，その結果，自閉症児の社会的認知の発達特徴が明らかになり「もう一回のコペルニクス的転回」とまで言われるようになった。

（1）共同注意の障害，意図の共有の障害，情動調整

　典型発達児では生後半年前後から，大人の見た物を大人の視線を追って同時に同じ物を注視する共同注意（joint attention）がみられるようになるが，自閉症児ではこの共同注意の獲得に困難があることが多くの研究によって明らかになった（Mundy, Sigman, Ungerer and Sherman(1986), 別府 (1996), Travis & Sigman, 2001 など）。共同注意をしながら大人は「あ，ワンワンだね」などとラベリングするので，共同注意の障害は言語発達に重要な影響を与える。また共同注意は「他者の関心への関心（長崎, 1993）」であり，他者の心の動きへの注目でもあることから，後述の「心の理論」の始まりとも考えられている。この特性はDSM-5などの診断基準にも取り入れられており，自閉症児の早期発見・診断の重要な指標となっている。また自閉症児の発達支援や教育においても，いかにして環境の設定や大人の関わり方によって，共同注意の状態を作り出すかが重要な課題であり，共同注意なくして，どのような働きかけを行っても効果は薄い。

　典型発達児では，生後9ヶ月ころから，大人がボールをかごに入れると，「パパは，ボールをかごに入れようとしているんだな」と相手が何をしようとするのかという目標を理解し，その目標を共有し，自分もボールを入れようとする模倣ができる様になる。そして，1歳代には父親が始めにかごを持って，ボールを入れていて，次に子どもにの前にかごを置くと，子どもは「こんどは，ぼくがボールを受け取る役割なんだな」とわかり，かごを持ち，ボールを受け取る役割ができるようになる。この様な行動を役割反転模倣（role reversal imitation）と呼ぶ（Tomasello,, Carpenter, Call, Behne, & Moll, 2005）が，相手がどのようにしたいと考えているかが分かる，すなわち相手のプランという意図を共有することである。

自閉症児ではこの意図の共有が難しく，人と一緒に何かをする協同活動（cooperative activity）が困難である。自閉症児は人と何かをしたくないのではなく，こういった社会的認知には，大変な負荷がかかるために協同活動が困難なのである。しかし，共に生きて行こうとすると様々な協同活動が必要になる。そのために，どのようにしたら，自閉症児も楽しく，協同活動に参加できるようにするかが支援の大きな課題となる。

自閉症児の情動表出は，怒りと楽しみの表情が混合するといったようにポジティブとネガティブの混合（blends）した表情が知的障害や健常児の群に比べてより多い（Yirmiya, Kasari, Sigman, and Mundy, 1989）といった報告など多くなされている。これらから，自閉症児では情動の表出に困難性があることがわかる。また，典型発達児では生後1ヶ月過ぎから，大人が笑いかけると，大人の目を見て笑い返すといった形で，情動の共有が可能になる。情動の共有は，その後のコミュニケーションの発達の基本となり，また養育者を動機づけるものであるが，自閉症児では共同注意に情動共有が伴いにくいとの報告がなされている（Kasariら，1990）。

さらに，典型発達児ではいやなことがあると，泣いたり，地団駄踏んだりなど自分の中で，自分の身体や物を媒介にした情動の調整（自己調整）から，不安があると母親の膝の上に乗り，髪の毛を触り「こわい」と伝えるなど他者に身体や言語を媒介として関わることで情動の調整をするようになっていき，様々なストレスに対処できるようになってゆく。しかし，自閉症児ではこの情動調整の発達に困難があり（Prizantら，2010），物や自己の身体による自己調整に偏りぎみで，「問題行動」とされてしまうことが多い。

そのために，「問題行動」を情動調整不全と捉え，情動調整の発達を年少児から促してゆくことが必要である。

（2）「心の理論」の障害

1980年代後半から「心の理論」（Theory of Mind）研究が盛んに行われてき

た。そこで主に扱われてきたのは、「誤信念課題」と呼ばれる課題である（Frith, 1991）。この課題は、子どもたちに対してサリーとアンという名の女の子の人形を使った、短いストーリーを聞かせる。

「サリーはカゴ、アンは箱を持っています。サリーはビー玉を持っていて、自分のカゴに入れ、外に遊びに行ってしまいました。サリーがいなくなった間に、アンはサリーのビー玉を取り出して自分の箱に入れてしまいました。サリーは外から帰ってくると、自分のビー玉で遊びたいと思いました。」その後、子どもたちに次のような質問をする。「サリーがビー玉を探すのは、どこでしょう？」

様々な実験から、3, 4歳児はほとんどが、サリーが探すのは「箱」と答えるが、4歳後半から「かご」という正解を答える子どもの比率が急増することがわかっている（Wimmer & Perner, 1983）。それは、子どもが、自分はビー玉が箱の中に入っていることを知っているが、サリーはビー玉が移動されたのを見ていないのだから、「サリーは『ビー玉はカゴに入っている』と思っている」と考えられるようになったからである。このように、4歳以降、子どもは他者の考えている命題について考えることができるようになり、「○○の場合ならば、人は△△と考える」といった、人の心の動きについてある一貫した考え方をできるようになる。そういう意味で「心の理論」をもつ、と言われるようになってきた。

この「心の理論」の獲得に自閉症児は困難をもつことが示されている。精神年齢で10歳以上の自閉症児でも多くが「箱」と答えた（Baron-Cohen, Leslie, & Frith, 1985）。

このような自閉症児の特性は、「Mind readingの障害」とも呼ばれ、自閉症児の中核的な障害の一つと考えられるようになってきた。しかし、発達に合わせて丁寧に教育することによって、「Mind reading」も少しずつ可能になることも示されている（長崎, 2003）。

（3）会話の障害

このような、社会的認知の障害は、会話の障害としても顕現化する（長崎, 2008）。会話は、クラスや職場での社会生活を送る上に不可欠であるだけでな

く，私たちに楽しみを与えてくれるものでもある。

そういった意味でも「会話」の発達支援は重要な課題であり，アセスメントや支援方法の開発研究が活発に行われ始めている（Adams & Bishop, 1989）。

典型発達児の会話の発達過程からも分かるように，会話は非言語的な協同活動が言語的に展開された，ある種の協同活動といえる（Tomasello, 2003）。そのために，言語的な会話だけを支援するのではなく，その基盤といえる協同活動の楽しさや仕方を支援してゆく必要があるだろう。

（4）新たなアセスメント・支援の観点の提供

こういった基礎研究，また支援研究に基づき，全米研究評議会（National Research Council ; NRC, 2001）は，全米の自閉症研究者を集め議論を行い，自閉症児の教育の優先事項を以下のように決めた。

> 1. 機能的で自発的なコミュニケーション
> 2. 様々な場面での社会的な指導
> 3. ピアとの遊びやおもちゃの適切な使用に焦点を当てた，遊びのスキルの教授
> 4. 自然な文脈における認知的な目標の般化と維持を導く指導
> 5. 問題行動に取り組む積極的なアプローチ
> 6. 適切な場合，機能的なアカデミックスキル

これにより社会的行動，社会性を優先的に教育する必要があるという方向性が出された。この議論を受けて，2000年前後から，それまでの「個別化」や「構造化」に加え，幼児期や学齢期から社会性を支援する必要性が指摘され，RDI（対人関係発達指導法；ガットステイン，1996），SCERTSモデル（Prizantら，2006）ら様々な支援プログラムが提案され，またTEACCHプログラムでも社会性を重視した支援が行われるようになってきた。

このようなもう一回のコペルニクス的な教育変化を受けて，わが国でも，2009年3月には特別支援学校，小・中学部学習指導要領に「自立活動」の新たな区分として「人間関係の形成」が新設され，以下の項目が示された。

> **3 人間関係の形成**
> (1) 他者とのかかわりの基礎に関すること。
> (2) 他者の意図や感情の理解に関すること。
> (3) 自己の理解と行動の調整に関すること。
> (4) 集団への参加の基礎に関すること。

3 発達的観点に基づく支援

(1) SCERTS モデル

　SCERTS モデルは，Prizant らによって開発された，自閉症児への包括的教育プログラムである。"SCERTS" は，社会コミュニケーション（SC：Social Communication），情動調整（ER：Emotional Regulation），交流型支援（TS：Transactional Support；ASD 児に関わる家族・専門家等へのアプローチ）の3つの領域を示す頭文字を並べたものであり，社会パートナー段階，言語パートナー段階，会話パートナー段階の3つの段階から構成されている。SAP-O というフォーマットを用いて，3つの段階の3つの領域について発達アセスメントをし，それに基づいて支援を行う。

　「社会コミュニケーション」領域は，〈共同注意〉と〈シンボル使用〉からなる。〈共同注意〉は前言語的な視線やジェスチャー，また音声による意図的な伝達についてで，コミュニケーションの動機付けにあたる領域である。〈シンボル使用〉は語彙の獲得や文法だけでなく，会話やナラティブの発達の側面についてである。

　「情動調整」領域は，前述した，相互調整，自己調整という枠組，また子どもの調整不全への対処として行動方略（ゲームに負けると机の下に潜り込み出てこない），言語方略（先生が「残念」，と声をかけると「ざんねん」と模倣して，机の下から出てくる，メタ認知方略（「あの時に，的を外しちゃったから負けちゃったね」といった振り返りや反省，「今度は練習して頑張ろう」などの未

来へのプラニングによって，自分を客観的にみつめる）という3つの情動調整方略の組み合わせによって，「情動調整」の発達アセスメントがなされ，支援が計画される。このことによって，豊かな生活を送るだけでなく，「問題行動」を予防するという意味合いも強い。

「交流型支援」領域は，家族や教員，専門職など子どもに関わる側のアセスメントである。支援においては子どもを変えようとするだけでなく，関わる側が，子どもの発達に応じ関わり方を変えてゆく必要があるが，通常はこのことがうまくいかなくて，大人の側が不適切な関わりになってしまっていることが多い。そこで，関わる側のアセスメントによって，より適切な関わり方ができるように大人を支援するものである。また，家族や教師，専門職の関わる側のアセスメントと支援や専門家間の連携支援を目的とする。

SAP-Oでは，各段階200前後の観察項目について，3時間程度の複数の日常場面の観察によってアセスメントされる。そしてその結果に基づいて子どもと大人について各8個前後の優先目標が立てられ，日常生活の活動の中に埋め込んで支援を行う。例えば家庭のおやつの場面で，子どもの目標は「欲しい飲み物を指さしで伝える」，大人の目標は「飲み物について，ジュースと牛乳などの選択肢を与える」，などである。

特別支援教育の進展の中で，自閉症児への生涯発達支援が求められるようになってきており，包括的な発達的観点に立ち，システマティックな方法論を有するSCERTSモデルは今後注目される支援モデルの一つであろう。特に，家庭，保育，学校生活の中に目標を埋め込むという方法は，今後も発展してゆく可能性が高い。

（2）自閉症児のための初期社会性発達支援プログラム

幼児から学齢児の自閉症児の社会性促進を目的にした「自閉症児のための初期社会性支援プログラム（E-SPA）」が開発された（長崎・中村・吉井・若井, 2009）。このプログラムでは，Tomaselloら（2005）の示した，初期の社会的認知理論に基づいている。それは，0-8ヶ月の「行動と情動の共有」から始まり，9-12ヶ月の「目標と知覚の共有」を経て，1歳台の「意図と注意との共有」に至る，「協同活動（cooperative activity）」，「意図共有（joint intentionality）」

表6-1 初期社会性・発達アセスメント（大項目）　　（ ）：小項目

レベル	Ⅰ 行動と情動の共有 [二項関係]	Ⅱ 目標と知覚の共有 [三項関係]	Ⅲ 意図と注意の共有 [協同的関係]
模倣・ 役割理解	□逆模倣への対人的 注視(2)	□事物模倣(2) □行為模倣(2)	□役割反転模倣(4)
共同注意	□アイコンタクト(3)	□受動的共同注意(1) (参照視：事物・他者 間の交互注視)	□能動的共同注意 (叙述の指さし, showing, giving)
情動共有	□アイコンタクト+情動(2) (身体感覚)	□共同注意+情動(2) (物を介した活動)	□相手の情動を能動 的に引き出す(3)
コミュニ ケーション	□要求(手差し)(2) □相互反応(歌への反応) (2)	□物の要求(2) □やりとりあそび(2)	□行為の要求(2) □ルール遊び(1)
達成率= 通過小項目数/ 全小項目数*100	(　)/11*100=	(　)/11*100=	(　)/12*100=

の獲得過程によるものである。

このプログラムでは社会性を「人と何かを共にし，またそのことを楽しむこと」と定義し，以下の手続きによって支援がなされる。

① 「発達レベル」のアセスメント

Tomaselloら（2005）による初期の社会的認知の3レベルを，「模倣・役割理解」「共同注意」「情動共有」「コミュニケーション」の4領域によってアセスメントする。各レベルには大項目1～2が配置されており，各大項目には2～4の小項目が配置されている（表6-1）。小項目の達成率が80％以上のレベルを，現在の「発達レベル」とする。

② 「発達支援レベル」の決定

「発達レベル」の次のレベルを「発達支援レベル」（発達の最近接領域）とする。どのレベルの達成率も80％に満たない場合には，最も高い達成率のレベ

ルを「発達支援レベル」とする。

③発達支援プログラムの選定

「Ⅰ．行動と情動の共有」「Ⅱ．目標と知覚の共有」「Ⅲ．意図と注意の共有」の各レベルは３つの活動ステップから構成されている．活動ステップ１から順次行っていき，複数の課題の2/3程度が達成できたら次の活動ステップに移る．

初期社会性発達支援プログラム（E-SPA）によって，人とかかわることの楽しさと，関わり方を学び，社会性・人間関係の基礎を育て，徐々に社会ではこんなルールになっているのだよ，マナーが大切だよ，というソーシャルスキルの学習に入っていくと効果的であろう．

4 おわりに──豊かな生涯発達支援のために

「自閉症児も発達していく」というある意味当たり前の観点に立つとき，発達的観点に基づくアセスメントと支援は，早期発見・早期対応，インクルーシブ教育，また地域社会の中で暮らしてゆく生涯発達支援に際しても，ますます重要になってくるものと考えられる．今後一層の自閉症児の発達研究と支援方法の開発研究の発展によって，自閉症児の豊かな生涯発達を支援していくことができるであろう．

【参考・引用文献】

Baron-Cohen, S., Leslie, A. M., & Frith, U. (1985) Does the autistic child have a "theory of mind"?. Cognition, 21, 37-46.
別府　哲（1996）自閉症児におけるジョイントアテンション行動としての指さし理解の発達－健常乳幼児との比較を通して．発達心理学研究，7 (2), 128-137.
ガットステイン，S.,E.（1996）自閉症／アスペルガー症候群 RDI「対人関係発達指導法」─対人関係のパズルを解く発達支援プログラム．クリエイツかもがわ
Frith,U. (1989) Autism: Explaining the enigma. Basil Blackwell Ltd., UK. 冨田真紀，清水康夫（訳）（1991）自閉症の謎を解き明かす．東京書籍．
Kasari, C., Sigman, M., Mundy, P., & Yirmiya, N. (1990) Affective sharing in the context of joint attention interactions of normal autistic and mentally retarded children. Journal of Autism and Developmental Disorders, 20, 87-100.
長崎　勤（1993）健常乳幼児とダウン症乳幼児における相互的注視行為の発達－追随注視に

よる共同注視とアイコンタクトの成立過程の分析を通して－．教育心理学研究，第41巻 (2)，161-171．

長崎　勤（2003）健常乳幼児と発達障害児における「心の理解」の発達と援助プログラムの開発．（科学研究費補助金研究成果報告集）（未刊行）

長崎　勤（2008）言語機能の発達（第2章 心理諸機能の発達，第3節）．長崎　勤，前川久夫（編著）シリーズ・障害科学の展開　第4巻 障害理解のための心理学，(pp122-138.) 明石書店．

長崎　勤（2008）第1章 心理的発達とその障害とは．長崎　勤，前川久夫（編著）シリーズ・障害科学の展開　第4巻 障害理解のための心理学，pp12-21．明石書店．

長崎　勤（2012）第2章 発達支援のスペクトラムと包括的アセスメント．日本発達心理学会（編）無藤　隆，長崎　勤（共編）発達心理学ハンドブック・第6巻　発達と支援，pp.22-31．新曜社．

長崎　勤，中村　晋，吉井勘人，若井広太郎（編著）（2009）自閉症児のための社会性発達支援プログラム－意図と情動の共有による共同行為．日本文化科学社．

National Research Council, Division of Behavioral and Social Sciences and Education, Committee on Educational Interventions for Children with Autism (NRC) (2001) Educating Children with Autism. Washington, DC: National Academies Press.

Mundy, P., Sigman, S., Ungerer, J. & Sherman, T. (1986) Defining the social deficits of autism: the contribution of non-verbal communication measures. Journal of Child Psychology and Psychiatry, 27, 657-669.

Prizant, B. M., Wetherby, A. M., Rubin, E, Laurent, A. C., & Rydell, P. J. (2006) The SCERTS Model: A Comprehensive educational approach for children with autism spectrum disorder. Paul H. Brookes Publishing Co.（長崎　勤，吉田仰希，仲野真史（訳）(2010, 2012) SCERTSモデル－自閉症スペクトラム障害の子どもたちのための包括的教育アプローチ（第1巻，第2巻）日本文化科学社．）

Rutter M., Greenfeld, D, Lockyer, L. (1967) A five to fifteen year follow-up study of infantile psychosis. British Journal of Psychology , 113, 1183-1119.

Tomasello, M. (2003) Constructing a Language: A Usage-Based Theory of Language Acquisition. Harvard University Press.

Tomasello, M., Carpenter, M., Call, J., Behne, T., & Moll, H. (2005) Understanding and sharing intentions: The origins of cultural cognition. Behavioral and Brain Sciences, 28, 675 - 691.

Travis, L. L. & Sigman, M. (2001) Communicative intentions and symbols in autism: examing a case of altered development. Burack,J.A.,Charman,T.,Yirmiya,N.,and Zelazo,P.D.(Eds.), The development of autism: perspectives from theory and research. Lawrence Mahwah, NJ,

Wimmer, H., & Perner, J. (1983) Beliefs about beliefs: Representation and constraining function of wrong beliefs in young children's understanding deception. Cognition, 13, 103-128.

Yirmiya, N., Kasari, C., Sigman, M., & Mundy, P. (1989) Facial Expressions of Affect in Autistic, Mentally Retarded and Normal Children. Journal of Child Psychology and Psychiatry, 30(5), 725-735.

第7章

適切な支援をするために
通常学級の現状を理解する

阿部利彦

1 はじめに

　特別支援教育がすすんでいると言われるU市でのこと，管理職の依頼で市の巡回相談員が，ある学校に派遣された。クラスには複数の「気になる子」が在籍し，その中には専門機関につながり診断を受けている児童もいた。クラスが落ち着かない状態だったため，巡回相談員にアドバイスを求めよう，と校内委員会で決まった。巡回相談員は担任ががんばっていることを知り，なんとか役に立ちたいと考えたのである。しかし担任はこう言った。

「今日は知らない人が来たから騒がしかっただけです。私の力で静かにさせますから」

　ある先生は，特別支援教育研修会の質疑応答で講師にこう意見した。

「何でも障害のせいにする教師は，指導から逃げているだけだと思います」

　皆さんは，今どきなんと理解のない先生だ，と思われるかも知れない。しかし，そうとばかりも言えないのが学校現場なのである。

2 障害名は理解の始まりか？

　私自身は発達障害のお子さんについてのさまざまな仕事を転々としてきた経緯がある。その中にはもちろん巡回相談員も含まれている。

さて，巡回相談員を要請する学校側の意図はいろいろあるだろうが，なかでも多いのは「この子が発達障害かどうかはっきりさせてほしい」という要請である。「ADHD の傾向が見られ，保護者の同意を得て医療につないでいく必要があります」などと対応すると「つまり，ADHD ということでいいんですね」と即確認を求めてくる。「ああ，この先生たちは『ADHD ですよ』と言わせたいんだなぁ」と思うが，そうはいかない。「いえ，私は医師ではありません。あくまで傾向ということです」と答えるにとどめる。

　「では，ADHD と考えて，対応を工夫すればいいんですよね」と言ってくれたなら，私も即座に「そうです」と答えられるのだが。

　また，巡回相談の公式日程には保護者面接の記載がないのに，学校に行ってみたら「保護者を呼んでありますので」と言われることもある。この仕事を始めた当初「保護者ご自身のご要望でいらしたのかな」と思い込み，お役に立ちたい一心で「何か聞きたいことがありますか？」とたずねてみると，

　「いやあ，担任の先生が今日来なさいって言うものですからね」

　拍子抜けして保護者をお返ししたところに先生が駆けつけてきて，「『あの子は障害がある』って親御さんにちゃんと説明してくれましたよね」と言われるのだが，そんなこと最初から頼まれてもいなかったけどなあ，と内心むっとしていたものだった。

　結局，巡回相談員の活用の趣旨がどうもズレているのだ。もし，私が「あの子は ADHD の傾向がある」とか「自閉症スペクトラムと考えることが支援のヒントになる」などと言おうものなら，彼らは「やっぱりね」「ああ，だから指導が困難なんだ」「病院に入院させなくては」などと盛り上がることになるだろう。

3　特別支援教育は本当に広がったか？

　特別支援教育も広がりを見せ，理解は浸透している，という見方もあるようだが，現場を回れば，そんなのは数値だけ，見かけだけなのはすぐにわかる。

例えば，特別支援教育の研修会への参加教師数は，年々増加の一途をたどっているが，よくよく見てみると述べ人数でカウントされている。つまり同じ先生が何度も参加している場合があるのだ。なかには，毎回同じメンバーという市町村だってある。

また，特別支援教育コーディネーターは各学校で100％指名されている，と言えば聞こえはいいが，「なぜこの先生なのか？」と首をかしげる場合も多々見られるし，当の先生ご自身が「どうして私が？」と誰よりも驚いている，なんてこともある。

積極的に特別支援教育に取り組んでいる地域ももちろんあるが，よそからつっこまれたり指摘されたりしないよう，形だけの特別支援教育をとりつくろっているところもあるということだ。

4 特別支援教育が消失するとき

前述のような数字のマジックにとどまらず，学校では不可思議なことがたくさん起こる。例えば，理解のある校長先生，フットワークのいい教頭先生（副校長先生），職員室や校内委員会で前向きなムードを作る特別支援教育コーディネーター，そして発達障害の生徒に対する支援が上手なスクールカウンセラー，そんな先生方が集まっている奇跡のような中学校があるとする。実際そういう学校もまれにはある。しかし数年経ち校長先生が残念ながらご退職され，コーディネーターは異動になり，そのうちスクールカウンセラーも担当地域が変わってしまう，という流れになると，その学校の特別支援教育に対する意識は徐々に薄れ，最後には全く別の学校かと思うほどに，あのすばらしい先生方が築き上げた特別支援教育のシステムは見事に消失してしまうのだ。支援のシステムは「人」が動かしているのであり，システムを引き継いだ人たちにスピリットがなければ特別支援教育は砂上の楼閣，幻のように消え去る。

それでも，せめてあのムードメーカーの特別支援教育コーディネーターは異動先で新たな特別支援を芽吹かせてくれているのでは，と期待を持つ方もおられるだろう。しかし学校支援にもはや20年近く携わっている私は，学校現場はそんなに甘くないと身に沁みて知ってしまった。案の定，その元コーディネー

ターは「この学校ではあまり目立たないようにしているんです」と私にささやいたのだった。

5 支援に結びつかない分析も

　巡回相談でうかがったある小学校で，自閉症スペクトラムの診断を受けている子と出会った。彼は授業中に教室を抜け出し水遊びをしているのだが，担当カウンセラーが「水はお母さんの羊水の象徴である。この行為は愛情不足のメタファーである」と分析し，担任に伝えていた。その解釈が正しいのか否か，同じ心理出身の私にも分からないが，その見立てでいけば，お母さんからの愛情が満たされない限り，彼が教室を抜け出す行為は止められないことになってしまう。

　授業内容が理解できず回避してしまうためとか，クラスのざわめきが耐え難くて教室にいられないため，など様々な可能性を探り，前者なら授業で参加できそうな場面を増やす，後者なら教室環境を整える取り組みをする，といった学校現場で実現可能な支援を探る出発点にできるとよいのだが。

6 「子どもの情報」が消失するとき

　新担任に「うちの子は実は発達障害でして」と告げることは保護者にとって，とてもとても，とても勇気がいることだ。それでも，前年度の担任が申し送りであらかじめ伝えてくれているはず，と期待しつつ切り出してみると「ああ，前の担任の先生からは一応聞いています」などと不安になるような返事が返ってくることが多い。

　「『一応』とは，なんだろう？」と思いつつ，保護者が「例えばどんなことを聞いてらっしゃいますか？」と確認すると，その先生は「私は，一人ひとりの子どもを先入観なく見ていきたいんです。ですからあまり資料は見てないです」とさわやかな笑顔で答えるのだ。

　この「先入観なく子どもをとらえる」という言葉は，実は学校文化でとても一般的かつ都合のよい言葉だ。これを管理職が使う場合は「情報は引き継がせ

ないよ」ということだし，担任ならば「前年度の資料は一切見ない」ということになる。

　こういう，引き継ぎ資料を見ないタイプの先生というのは，熱く，激しい指導をする場合が多い。「本児は音刺激に敏感，特に黒板消しクリーナーの音が苦手で耳ふさぎをする」，と資料を見てくれさえすればその子を苦しませなくてすむかも知れないところも，時間をかけて一から知ることになる。音が苦手とわかると，「がまんがまん」「そのうち慣れます」と，保護者に自分の教育方針を熱く語り，聴覚過敏でしかもあまり身体接触が得意でない子に，大声で心に響く（と本人が思っている）指導を長時間にわたって行う。しかも時に子どもの頭をおさえつけ，むりやり顔を自分に向け，「先生の目を見ないということは気持ちが逃げている証拠だ。目を見て話せ」と勝ち誇ったように言ったりする。

　困ったことに，そういうタイプの先生は，正論と自分の教育方針をこよなく愛し，「熱意」や「根性」を信じきってゆるぎない。つまりこの学校ではそういう担任の先生の指導を変容させること，それが「発達障害のある子を学校で支援する」ということに他ならない。

7　「発達障害」をめぐって

　そもそも保護者が勇気をふりしぼって「うちの子は発達障害があるんです」と告げたときの学校側の受け取り方は様々だ。内心このような考えの先生方は決して少なくない。

「障害，障害って，自分の子を障害呼ばわりするなんて，子どもがかわいそうだ」

「また発達障害だって。ただあのお母さんが自分の育て方の問題を考えるのを放棄しているだけなのに」

　そこで，校内委員会などの場で，学校心理士や特別支援教育士の資格を持つ先生が，

「せっかくお母さんが病院から資料を持ってきてくれたんだから，それを活用して校内での支援方法を考えてみませんか」

と担任に進言したとすると，

「なんでも障害のせいにしたら親と同じ。正々堂々と自分のこれまでの手法でやっていきたいんです。障害に逃げるのは，教師として負けですから」

その子の特性に合わせた支援を考えるのは，「逃げ」でも「卑怯」でもないし，ましてやいったい誰に「負ける」ことになるのかはよくわからない。

8 「障害」のせいにして逃げている？

だが，「障害」のせいにして指導を逃げている先生が本当にいないか，というと，いや実際はいるから問題なのである。子どもが発達障害だとわかると「病気だから私には指導できない」と決めつけ，その子へ深くかかわることを避ける先生も出てきている。学校側が巡回相談の場で「発達障害かどうかはっきりさせたい」という場合には，「障害だから指導しなくていい」というお墨付きをもらえると期待している場合も多々あるのだ。

すなわち「学校が発達障害に対してアンテナを高くする」ことが一見，理解の深まりにつながるように見えても，実際は分け隔てるだけであったり，学校側だけに都合のいい情報として利用されたり，「あの子は障害」と白黒はっきりして先生がスッキリするだけだったり，という恐れがあるということを肝に銘じておく必要があろう。

9 教師の立場に立ってみる

これだけ書くと「学校」に対して憤る方もいらっしゃることだろう。しかし，だからこそ私はこんな現状にあっても特別支援教育に一生懸命取り組んでおられる先生との出会いを「当たり前」と思わず「宝」と思えるようになったので

ある。

　先生というのは，一生懸命やっても「当たり前」とみなされる一方で，感謝されることは極めて少なくなってきた。それなのに勤務実態は，授業にとどまらず，会議，県からの調査，地域での活動など，とにかく幅広く多忙である。そして，特別支援教育に取り組んだ成果はゆっくりとしか現れない。それでも子どものために努力を惜しまないでくれる先生方には本当に頭が下がる。

　また，特別支援で熱心な先生には，こんなことも起きる。新しいクラスに配慮を要する子がおり，何か支援の手を差し伸べてあげたくて，保護者に話をすると，

「去年の先生はそんなこと言ってませんでしたよ。先生はうちの子が嫌いなんですか」

　実は去年の担任はその子をかわいがっていたわけではなく，職員室ではよく「あの子は大変で。クラスのお荷物よ」などとこぼしていたが「面倒だから」とその子をほったらかしにしていただけなのである。子どものことを真剣に思って働きかけた先生が恨まれ，「去年の先生の方が優しかった」と言われてしまう現実にはやりきれないものがあるが，事実，授業はハチャメチャでも，妙に親の受けだけがいい先生というものが存在するのである。しかしそれでは，子どもは決してよくならない。そしてその指導のつけは，大きくなって次の担任にまわってくることになるのだ。

10　クラスの現状を知る

　そしてクラスには，朝ごはんを食べさせてもらっていない子，受験のプレッシャーでいつもイライラしている子，不良である兄の仲間たちのたまり場となっている家で過ごしている子，病気のお母さんの代わりに赤ちゃんの世話をしている子，不登校になりかけている子……などなど，困っているクラスの仲間に優しくしてあげるゆとりなんてない子たちがたくさん存在しているのが現状なのである。

もし通常学級のすべての子どもたちが皆，日頃から愛され，満たされてあたたかい心を持ち，他者に寛容で友だちの失敗も許し，困っている子にはさりげなく手伝ってあげられる，といった「人として当たり前の行い」が自然にできたならば，発達障害のある子もその中でいきいきと成長してくれることだろう。

　しかし今のクラスには，個別に関わる必要のある子が一人や二人ではなく在籍しており，誰かに対応していると，別なところで問題が起きて，そのことに関わっていると，また別の子が……といった具合に，もぐら叩きのような対応にならざるを得ないことも多い。

　また学級の状況はそれだけではない。落ち着いていたはずの子，まじめだった子，勉強が得意な子，そんな子たちがある時突然不安定になり，問題行動を示すようになることもある。さらには悲しいことに，配慮が必要な子をからかったり，挑発したり，追い込んだりして，それを楽しむ，といった子どもたちも中にはいるのだ。

　そんな現状を知らずに「もっと一人ひとりを丁寧に」「専門性を磨いて」「個別の時間を作って」などと外野から言われて，先生たちは追い込まれている。もったいないことに，まじめな先生，子どもの気持ちがわかる先生，教育に思いのある先生であればあるほど，より追いつめられ，病休に入られたり，辞職されたりする事態も起こっている。

　先生方が特別支援教育というよくわからないことに不安になる気持ちも，十分理解できるのではないだろうか。

11 支援を受ける子どもの気持ちを大事にする

　例えば，発達障害を持つ子の「適切な行動」を定着させるために，「できたらすぐほめる」ことにしたとしよう。本では簡単だが，現場では難しい。皆の前で「片付けられてエライねえ」などとほめると，他の子が「どうしてあいつばかり」「こんなこと幼稚園でもできる」「ずるい」と言い始めるからである。その子自身も「みんなの前でほめないで先生，かっこ悪いから」と言い出す。ほめるにも，いつほめるか（時間），どこでほめるか（場所），どのような言葉でほめるかをある程度検討しておかねばならない。

さらに言うと，クラスの一員としてそれまで自然に過ごしてきた子に対し，「支援」と称して個別指導を始めたり，支援員をつけたり，特別な教材を用意したりするといったことがうまく機能するためには，クラスメイトがどう受け止め，理解し，反応するか，を見通して実施せねばならない。そうしないと，クラスに自然に溶け込んでいた子を特別な支援によって突然まわりから浮かせ，周囲に「この子は自分たちと違う」と「はっきり」意識させてしまうかも知れないからである。発達障害を持つ子をクラスから浮かせず，またプライドを傷つけない対応を工夫する視点が不可欠なのだ。

12　子ども本人に教わることの大切さ

　ある学校で，通常学級に在籍するロービジョンの子どもの支援会議に参加した。担任の先生は黒板の文字の大きさ，チョークの色，座席の位置などの工夫だけでなく，ボールやラインの色にまで配慮し，「見ることに集中できる」教室環境作りを心がけていた。

　その先生が素晴らしいのは，それをすべて本人に確認しているということだ。こちらがよかれと思っても，本人には見えにくいままのこともある。対象の子は頑張り屋で，先生の配慮にとても感謝しているので，自分からは「見えにくい」と言いにくいようだと先生は感じ取った。そこで，「こうしてみたけどどう？」と支援内容についてその子に必ず意見を求めるようにしたという。

　実施している支援の効果が上がらない時，「先生は君にとっていいんじゃないかと思ってやってみたんだけど，どうかな？」と聞いているだろうか？　支援員をつける時，取り出し指導をする時，トークンを使う時，子どもへの事前の説明と理解は不可欠だ。子どもをリスペクトし，その子のプライドを大事にすることは，よりよい支援のあり方を私たちに示してくれるのである。

13　「ヘルプ！」が言える学校づくり

　子どもに教えてもらえるということは，子どもの立場に立てるということである。それは，子どもに対してだけでなく，教員同士，そう，同僚に対しても

言えることだ。

　もし特別支援校内委員会で同じ子どもの見立てが異なったなら,「どうしてこの先生はこう考えたのだろう」と思いやる姿勢を持ちたいものだ。「どうしてもあの子の指導では冷静になれなくて」といった自己開示も時には必要だろう。そして「関わるときのコツとかありますか」と他の先生に尋ねてみるとよい。

　子どもも大人も,究極のソーシャルスキルは「援助を求めるスキル」である。特別支援教育の体制が充実している学校は,教師にとっても「やさしい学校」になると私は断言できる。

【引用・参考文献】

阿部利彦（2014）新・発達が気になる子のサポート入門―発達障害はオリジナル発達．学研教育出版．

阿部利彦（編著），授業のユニバーサルデザイン研究会湘南支部（著）（2014）通常学級のユニバーサルデザイン プラン Zero―気になる子の「周囲」にアプローチする学級づくり．東洋館出版社．

第8章

当事者・保護者の視点から考える「発達障害の理解」

> 「発達障害当事者」が
> 社会の多数派となる社会・その実践的事例
>
> 山本純一郎

1 気づけば「発達障害」が自分自身のアイデンティティになっていた

　私が発達障害を自覚しはじめた20代後半の時期は,仕事面では同年代の「同輩」に当たる人達が自分の仕事をこなしつつ,後輩の面倒を見始めるようになる時期ではないかと思う。それに引き換え,自分自身の仕事すら覚束なく,上司に激しく叱責されながら,ひっそりと後輩に助けられる己の姿。当時は,生きているだけで情けなくなっていた。私自身は不登校もほとんどなかったが,「なんとなく通っていただけ」のような学生時代においては,それでも遅ればせながら,高校時代までは「いじめられそうだからかかわらない」ようにしていたような人たちとも,大学時代までには「イジられてでも仲間から愛される」ような術を学び,仕事が絡まない程度の人間関係であれば,なんとか上手くいくようになっていた。しまいには後輩からもイジられて,周囲の人間が心配するぐらいになっていたのだが,「これが私のスタイルだ」と,他人に感化されやすい割には,頑なにこだわっていた付き合い方であった。

　どうしても仕事が絡むと悪化してしまう人間関係に悩みながら,仕事からも家からも逃避して,仕事以外の,例えばインターネットで知り合った趣味の会の仲間と遊び回り,現実逃避の日々……これが30代半ば過ぎぐらいまでの私

自身のライフスタイルであったように思う。仕事以外の活動の仲間とは，ほどほどには認められるが，仕事以上に打ち込み過ぎる割にはなかなか自分という存在を「わかってもらえない」実感の湧かない日々が続く。新しく知り合った仲間達に置いて行かれるのが怖かったのかもしれなかった。そして一人でいる時間のほとんどをパチンコ屋で過ごす……こんなもう一つの自分の姿があった。発達障害の診断も既に受けていたが，まだまだ見捨てられたくないので，なかなか周囲には言える状況でもなかった。そんな日々を過ごしていたが，ある日私を見捨てるどころか，都合の良い時だけ自分自身をしつこく留め置きたがる周囲の存在に怖気づき，自分自身がもう「逃げるしかない」状況を初めて経験したのが，37歳当時の自分であった（ちなみに現在私は41歳である）。

　ところが逃げた先の私は孤立するどころか，私自身を留め置こうとしていた人はわずかに少数で，大方の仲間たちは私の置かれた立場を理解して，私に共感してもらえたのだ。この頃ようやく，自分自身の特性を周囲に「発達障害」と告げても，人としての理解さえあれば，絶対に見捨てられることもなければ，それを理由にしつこく留め置かれたり，一方的に利用されたりすることもないだろうと気づいた。仕事で成長する機会がほとんど見当たらず，満たされない気持ちからひたすら浪費し，今となっては貴重とも思える底付き体験をした。もはや失うモノはもう何もない。失うことを恐れるより，大事な居場所や仲間や仕事やつながりは，ただ一方的に相手に認められようとするだけではなく，自分自身で時間を掛けてでもじっくりとみつけて育ててくことにしよう。そんな心境が今も実感として続いている。

2　徐々に周囲が発達障害の「当事者が多数派」になっていた

　未だに一人暮らしでまともに部屋が片付いていた試しがない。物をよく失くす，壊すなど，生活面での生きづらさが強調されるとADHD（注意欠如／多動性障害）と診断されやすいし，仕事面では，段取りができない，協力して仕事をやりにくい，得手不得手の仕事の極端さがある等からアスペルガー症候群の診断がされやすい私は，いわばハイブリッドな特性を持っているのではないかと思っている。その他の私自身の特性としては，思春期から運動チックと音

声チックが顕在化し，今では目立たないものの地味に健在である。いわば「トゥレット障害」の当事者でもあると言えそうだ。苦手な人を前にすると今でも黙りこんでしまう局面があるので，もしかしたら場面緘黙症も若干あるかもしれない。一時期ギャンブルにのめり込むなど，依存症的気質が激しく現れることもある。仕事中にチャット中毒のようになり，職場では私の PC だけインターネットを遮断されることもあった。仕事ではひたすら鬱っぽいのに，遊びに行くとすっかり現実逃避している様は，新型うつ病とも診断されかねないな，とも思った。30 歳を過ぎる頃までは，自分はいわゆる世間一般の「普通」という基準以下の存在で，自己肯定感がとても低かったように思う。しかしこの特性が幸いしてか，発達障害の当事者として自助グループにかかわるようになってからは，まさしく当事者のグループにかかわっている時が一番「どうしてこんなに居心地が良いんだろう」という実感を持つに至るようになっていた。なぜなら ADHD の気持ちも，アスペルガーの気持ちも，さらにはいろいろと隣接する様々な症状への共感を得られるネタが豊富だと感じられたからではないかと私は思う。言い換えれば「ダメ」でも良い心地よさ，ではなかろうか。

　2005 年に初めて発達障害の診断を得られてからも一人でしばらく悩み続け，初めて「他の発達障害の人」と実際に話す機会を得られたのが，2007 年に参加した mixi（ミクシィ）という SNS 上で開催されていた，当事者主催によるオフ会であった。居心地の良さから瞬く間にはまり込み，私も主催を持ち回りで担当するまでになっていた。その頃はオフ会だけが当事者との唯一の接点だったが，当時たまたま出会った無料通話ソフトの Skype（スカイプ）による全国規模のグループチャットにはまり，全国各地で開催される，当事者によるオフ会だけでなく，当事者によるセミナーや，NPO として組織された当事者会や自助会，親の会や自閉症協会が主催するもの，12 のステップに代表される依存症の自助グループなどなど，様々な形で当事者による会が開催されていることを知りますます活発に参加するようになっていた。折しも，2008 年に発生したリーマン・ショックによって，私自身が無業状態に陥っていたにもかかわらず，逆に私自身は関西の当事者グループにまで遠征するなど，仕事以上に熱中していた自分がそこに居たのである。傍から見るとすっかりダメな人間にしか見られないかも知れない。しかし何かに取り憑かれたような自分自身

が好きになりそうな感覚が何とも不思議だった。そのうち一生の付き合いになれそうな人達がだんだんと集ってきて，最初は誰かの冗談から始まった「発達障害当事者だけで暮らすシェアハウス」がスタートしたのが，2009年のことだった。

3 発達シェアハウスは「当事者界のトキワ荘」？

　シェアハウスの構想がスタートし，気づけば私のハンドルネームをもじって「にゃんまげハウス」と呼ばれる程にもなっていた様だが，そもそものきっかけは，たまたま私の自宅の近所で開催されていたオフ会の，私が主催者でも何でもない会のその主催者である当事者が，勝手に私の自宅を二次会の会場に指定したのが始まりだった。

　シェアハウスの家探しがスタートしたところで，実は私はこのメンバー3名（男性2名，女性1名）で住むことにはまだまだ乗り気ではなかった。物件探しも行き詰まっていたころ，どうしても私が住む借家のツテがないと借りられない物件があるとのことで，仕方なく私名義でないと借りられないという事情があったので，気乗りしないまま物件を下見すると，これがまた駅近で広々とした静かな物件が見つかり，直感的にこの物件に決めたのである。

　こうして3人での共同生活がスタートした。基本的には，月イチで当時，私が近所の公民館で主催していた「発達障害を一緒に語る会（以下，語る会）」という名の当事者会が終了した後で，皆でシェアハウスに集い，朝まで飲み明かすということをしていた。駅から至近なのに広々としていたので，多い時は20人以上居ても収容できる程の広さであった。情けない話だが，住人全員が部屋の片付けができず，荒れ放題なのを，毎回それを見かねた片付けの得意な参加者が居て，片付けを助けてもらうという図式が出来上がっていた。幸か不幸か，常に1人は無職あるいは在宅勤務（筆者註：いわゆる自宅警備員というヤツである…）で誰かが常駐できる体制ができていたので，何とか不意の来客にも対応できていたのは幸いであった。気づけば私も2010年にはここの住人でありながら，突然舞い込んできた，「発達障害の当事者が立ち上げたNPOで，1年限定での，約10名という大量採用の」緊急雇用創出事業に私が採用され

るという幸運に恵まれた。しかし大阪での雇用である。ここで私は「毎月1回，東京のシェアハウス」に戻りながら「語る会」を主催するというめまぐるしい日々を過ごし，大阪では，このNPOに勤めながら，私の祖母が住む父の実家に居候し，祖母，父，私という，親子3代にわたる共同生活を，方や都内では私が最年長という共同生活と並行させることとなった。余談だが，のちに自称「定型発達者」の同居人が私と入れ違いで入居することになるのだが，部屋や流し台の整頓が得意だった彼が，周囲の多数派（の発達障害当事者）に沿ってだんだんと片付けをしなくなるという実験結果（？）も得られたのである。

東京，大阪どちらのシェアハウスも交通至便で実に便利な拠点だった。北は北海道や岩手，南は広島や熊本でこれから自助グループを始めようとする，アクティブで志の高い当事者たちがここを訪れては，東京や大阪の当事者たちと夜な夜な激論を交わす姿からは，以前にも増して地域間の交流を重視した，新世代の当事者グループの誕生の息吹を肌で感じることができた。まさしくこれらシェアハウスで起きていた事は，後に当事者界の「トキワ荘」のような伝説を生み出していたのではないかと，勝手に私が感じるところでもある。残念な

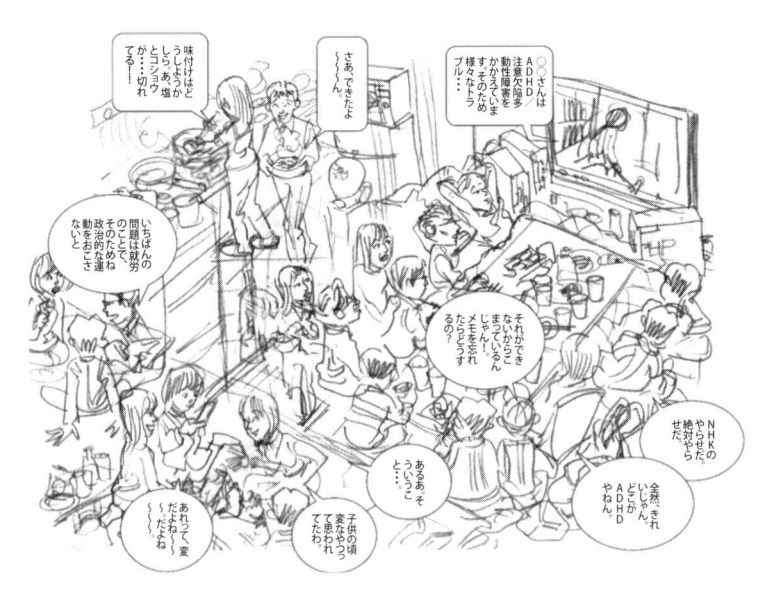

「発達シェアハウス」の様子（絵：大橋ケン）

がら，東京のシェアハウスは各々の経済的事情でクローズし，大阪の家も昨年，祖母の死去により現在はなくなっている。時には厳しい事を言うものの，基本的に私の長所だけを見て褒め続けてくれた祖母は今でも私の人格形成に少なくない役目を果たしていたのではないかと今でも思う。

4 当事者によるピアサポート共同体の現在と今後

　東京と大阪の拠点を往復しながら，全国各地の発達障害当事者と対話するインターネット番組をスタートさせたのもこの頃であったが，東日本大震災を経てからは，地域に根ざした活動に回帰していった。その後は，発達障害当事者向けのフリースペースや，地域のピアサポートによるワークショップ，グループホームにも関わるようになったが，シェアハウス無き後の，当事者たちによるこれら「居場所」を含む共同体に関わることはもはや必然であったのではないかと思っている。たまに誤解されるのだが，私は決して「健常者を排除した当事者同士の共同体」を求めているのではない。発達障害当事者はあくまで社会の少数派でありながら，発達障害当事者の集まる居場所においては，その居場所に合った一部のタイプの当事者が「たまたま」多数派になっているというだけであろう。むしろその居場所における多数派から見過ごされそうになっている「少数派」が常に存在するということにも留意しなければならないところが，当事者によるピアサポートの難しさの一つではないだろうか。そもそも大前提として，いわゆる健常者と言われる人たちも，自閉症スペクトラムのどこかに当てはまる，緩やかで不完全な存在で，そもそもそれが人間というものではないかと考えて，私は「居場所」に関わっている。

　東京大学先端科学技術研究センターの熊谷晋一郎先生の言葉を借りれば「自立は，依存先を増やすこと。希望は，絶望を分かち合うこと」ではないだろうか。当事者の皆さんの依存先としてさまざまな形の「居場所」が存在することによる僥倖を少しでも感じていただければ，私自身，この世界に関わったが故にうっかり得られてしまった絶望をなんとか希望に変えて生き永らえていけそうだと感じる次第である。

診断基準が抱える課題と
当事者研究の役割

綾屋紗月

1 理解を得られない時間を生きる

　小学4年生の頃,「情緒障害児短期治療施設」に関するプリントが学校で配られた。対象児の項目に「不安や緊張が強いお子さん」といった文言を見た。ものごころついた頃から「私の見えているものは本当に実在しているのか」「私の感じている感覚を本当に信じていいのか」と,世界の存在も自分の存在もベーシックなレベルで信じられない不安定さを抱えており,小学3年生では不登校も経験していた私は,そのプリントを親に渡しながら「私はこれに行かなくていいの？」と尋ねた。「これはもっと重い子が行くところよ,あなたには関係ない」との返事に,正直,ホッとした。住まいから遠く離れた高原の施設で親と離れて暮らすことになるのが心配だったからだ。しかし安堵と同時に,「じゃあ,私の中にあるこの大変さは,一体なんなんだろう」という疑問も到来した。

　その後も,学校社会という集団生活の中で常に感じている「どうも自分は他の人たちと何かが違う」という感覚は,「考え過ぎ」「神経質」「みんなも同じだよ」という言葉によって打ち消され続けた。その結果,中学ではますます体調が悪化し,高校でついに体を壊し,再び学校に通えない時期を過ごした。

　大学4年生になっても自分を説明する言葉が「原因不明の虚弱体質」だけだった私は,他の学生と同様には企業就職できないことを証明してもらうために,思い切って精神科に行った。しかしそこでも「大丈夫,問題ないです」とあっけなく帰された。大丈夫なはずがない。いくつかアルバイトを試みたが,人が多いとなぜか1ヶ月で体を壊してきた実績がある。困難をわかちあえる他者はいつまでも現れず,モヤモヤとした悩みはぐるぐると私を取り巻き続けていた。

2 制度化の効果と課題

「自分の抱えている困りごとは確かにあり，その困難は多くの人よりも量的に大きい」。このことを他者と共有できる日がきたのは，30歳を過ぎた頃だった。1990年代以降，「発達障害」「自閉症スペクトラム」などの概念が日本でも広まり始め，2004年には発達障害者支援法が成立する中で，私も「当事者の手記を読む」という方法で，世の中に自分と似た身体の持ち主がいることを知り，ようやく「『普通』に届くために人並み以上の努力をしては体を壊す」というサイクルから降りることができたのである。

その後の障害者全般に関する法律の動きとしては，2011年には障害者基本法が改正され，2013年には「障害を理由とする差別の解消の推進に関する法律（障害者差別解消法）」が公布，「障害者雇用促進法」が改正されることで，2014年1月，国際的な法律である「障害者権利条約」を批准するに至った。これは日本国内の障害者に関する法律が，ようやく国際レベルに整備されたことを示している。それに伴い，これらの法律に登場する「合理的配慮」という言葉を頻繁に耳にするようになり，講演では「発達障害児・者に対する『合理的配慮』について当事者の視点から語ってほしい」と依頼されることが増えた。そのような普及・啓発の場が各地で広がっていること，人との付き合い方や学習の仕方に多数派との差異がある人が確かにいることを認め，それを発見し，支援しようという動きが明確になったことは，かつて誰からも気づかれずに孤立していた私の状況と比べれば，はるかに良い状況だと言えるだろう。

だが，制度が整うと同時に到来する新たな課題も看過できない。本論では私が発達障害当事者として懸念する項目のうち，以下の2点について述べる。

(1)「障害の個人化」という問題

発達障害のうち，自閉スペクトラム症／障害（ASD）の診断基準（DSM-5）には，「社会的コミュニケーションと社会的相互作用における持続的な欠損 (persistent deficits in social communication and interactions)」という文言がある。多くの人はこの定義に疑いを持たないかもしれないが，当事者の立場から考えた時，この診断基準は大きな危険性をはらんでいると言える。そもそ

もコミュニケーションとは人と人との相互作用を表すものであるから,「コミュニケーション障害」も, 人と人との「間」に生じるもののはずである。しかしコミュニケーション障害を「個人」のものとするこの概念は, 二者の間に生じたすれ違いを, 一方の責任として個人に押しつけることを可能にしてしまう。特に警戒するのは, 上司－部下, 教師－生徒, 親－子, 医者－患者, 男性－女性, 高所得－低所得……といったあらゆる権力関係において, 権力を持つ強者が持たざる弱者を「コミュニケーション障害」と名づけ, 全て相手のせいにすることを容易にしてしまうことである。実際私も, 生活費を握っている相手に「私たちの関係が悪化したのはお前のコミュニケーション障害のせいだ」と言われ, 理不尽さを感じながらも泣き寝入りするしかなかったことがある。

　これと同様の恐ろしさは「社会性の障害」という概念によっても生じうる。なぜなら, せっかく法律が行政機関等に対して「社会的障壁の除去の実施」についての「合理的な配慮」を義務づけたにもかかわらず（障害者差別解消法第７条２項), 社会性の障害が個人にあるとされてしまうと,「他の障害ならば社会的障壁があると認めて除去を実施しますが, 発達障害者における社会的障壁は, あなたたちの持つ『社会性の障害』が原因ですから, 社会は悪くないので対応しません」と行政側が主張することを可能にしてしまうからである。

　また, この「コミュニケーション／社会性の障害」という概念は, それを内面化した当事者自身にも悪影響を及ぼしている現実がある。「コミュニケーション障害」という概念は,「私にはコミュニケーション障害があるのでわかりません」という思考停止や交渉断絶を, 当事者自身から引き出すことを可能にしているし,「社会性の障害」という概念は, 日本社会全体の問題である就労問題や結婚問題を,「私が発達障害だから就労／結婚できないのだ」というかたちで多くの当事者に個人の問題だと解釈させ, 苦しめている。

　このように「コミュニケーション／社会性の障害」という診断基準は, 個人が引き受けることなど不可能な問題まで押しつけてくる危うさを持つ。「コミュニケーション障害を持つ人／持たない人」と分断するのではなく, お互いの「間」に生じたコミュニケーション障害を共に解消していく, という考え方を阻むものとして, そもそも診断基準に問題があることを忘れてはならないだろう。

(2)「障害の多様性」という問題

　発達障害の当事者コミュニティに参加して，まず突きつけられるのがその多様性である。当事者仲間の体験談を聞く時，自分と似た悩みを抱えている人が自分以外にも実在することにホッとするが，その一方で，あまりにも自分とかけ離れた人に遭遇して「なぜ私とあの人が同じカテゴリーなのだろう」と疑問を抱く。そんな経験をした当事者は少なくないだろう。つまり，ここで私たちは「コミュニケーション障害」「社会性の障害」「感覚過敏」「こだわりが強い」といった，自閉症スペクトラムの特徴を表すとされているキーワードが，いかに多義性を持って解釈されているかということに気づかされるのである。

　人が集まればそこに社会が生まれ，コミュニケーションルールが発生する。つまり「社会」や「コミュニケーションルール」は一つではなく無数に存在している。それら無限にある社会的コミュニケーション空間からそれぞれに排除されてきた人々が一堂に会するのだから，当然，「自閉症スペクトラムには多様性がある」という結果が導かれる。これもまた診断基準による問題と言えよう。

　「コミュニケーション障害」や「社会性の障害」という言葉は，ある社会の多数派から異質性を切り分けるためには確かに有効な概念かもしれない。しかし，そのようにして切り分けられた仲間同士が集い，その多様性に出会った時，もはや「コミュニケーション／社会性の障害」というキーワードでは大雑把すぎて役に立たなくなる。「要はあいつ，話している相手の感情ばかり受け取って内容が聞けてないから，あとで話が通じなくなるんだよね」「あの子は情報を取り過ぎて混乱して，強迫的に確認し過ぎるところを『コミュニケーション障害』と言われたんだろうな」というように，より細かく，一人一人の特徴を表現する言葉が必要になってくるのである。このとき私たちは，診断基準とされているような「社会的なコミュニケーション障害」というたった一つの本質的な特徴があるわけではないこと，そして，ある社会における多数派の人々の身体的特徴とは異なる，さまざまな少数派の身体的特徴をもった人達が，十把一絡げに「発達障害」と名づけられている事実を実感することになる。

3 当事者研究で仲間とともに自分を理解する

　以上のような診断基準を原因とした混乱から抜け出すため，私は診断名を引き受けつつも，その概念を一度脇に置き，「当事者研究」によって仲間とともに自分自身を研究することで，自らの特徴や困りごとを「コミュニケーション／社会性の障害」以外の言葉でどのように表現すれば他者に通じるかを模索した。そして「身体内外からたくさんの刺激を感受し，それらにまつわる記憶が等しく引き出されてしまうために，意味や行動をまとめあげるのがゆっくり」という言葉を生み出した（綾屋・熊谷, 2008）。

　当事者研究とは，精神障害をかかえた当事者の地域活動拠点である「べてるの家」（北海道浦河町）で生まれたもので，仲間の力を借りながら，自分のことを自分自身がよりよく知るための研究をしていこうという実践であり，現在ではいろいろな問題や障害を抱える当事者団体，自助グループなどにも広まっている（綾屋・熊谷, 2010）。この当事者研究に取り組むことで，私は自分自身の変われる部分と変われない部分を少しずつ丁寧に切り離し，より具体的な言葉で自らの特徴や困りごとを表現していくようになっていった。すると同時に，社会に対して変わってほしい部分についても，わかりやすく他者に伝えることが可能になってきたと感じている。また，私は当事者研究を始めて8年が経つが，環境の変化によって困りごとも変化するので，未だに当事者研究による新しい発見は尽きることがない。この1年の研究成果としては，私は一人で通勤すると，途中で突然ぼんやりして体が重くなる「エイエンモード」（綾屋・熊谷, 2008）に突入し，「いくら歩いたって職場にはたどりつけない」という強烈な心細さに襲われて立ちすくんでしまうことが判明したので，職場の同僚たちに職場と最寄駅を結ぶ徒歩20分の通勤路を，なるべく一緒に行き帰りしてくれるよう，「移動介助」を積極的に依頼するようになったことが挙げられる。

　当事者研究では，自分や自分の困りごとに対して距離を取り，客観的に扱う視点が用いられる。そして自分にはこのようなパターンが生じているのではないかという仮説を立て，日常生活の中で実験し，検証していく。言い換えれば，これは「自分自身のパターンを見出すこと」と「自分自身のパターンを決めつけないこと」の循環だと言えるかもしれない。繰り返される自分のパターンを

把握できないことは，社会に対する見通しが立たないことにつながる。そのために不安と不調に苦しんでいた私自身の経験から，自分のパターンをひとまず見定めることは，自己像を組み立てていく過程において不可欠であると感じている。しかし，それはあくまでも仮の説であるということも同時に重要である。本人の心身の育ちや試行錯誤などによって，人は変化し続けるものだからだ。動いてみて，仮説に異なる点があれば修正していく。つまり，自分のパターンを決めつけずに更新し続けることもまた，なくてはならない過程なのである。

2014年は，法律の上では障害者の権利保障が整備された画期的な年となったと言えるだろう。しかし発達障害というカテゴリーは，診断基準において障害の個人化と多様性という課題を抱えている。今後，一人ひとりが自分の希望する方法で「合理的配慮」を求めていくために，まずは自分たちの身体的特徴を具体的に言語化していくことが欠かせないだろう。その際に当事者研究は大きな役割を果たすのではないかと考えている。

謝辞：本研究は第44回（平成25年度）三菱財団社会福祉助成および文部科学省科学研究費補助金　新学術領域研究「構成論的発達科学」(No.24119006)の助成を受けた。

【引用・参考文献】

綾屋紗月，熊谷晋一郎（2010）つながりの作法―同じでもなく違うでもなく．NHK出版生活人新書．

綾屋紗月，熊谷晋一郎（2008）発達障害当事者研究―ゆっくりていねいにつながりたい．医学書院．

子育てを通して学んだ、私の発達障害理解

藤堂栄子

1 はじめに

「保護者としてわが子の障害をどう理解しているか？」と問われても，実際に「理解」をしているかどうかは分からないだろう。保護者の気持ちと本人の気持ちは別物だし，本人はそれが周りと違うことに気が付いていないからだ。何しろ息子が15歳になるまで気が付かないうかつな母である。自分に似ているだけと思って育て，母が私にしてくれたようなことをしてきただけである。もちろんその時々に困難なことがあったが，現在31歳になる息子はシンガポールで建築デザイナーとして働いている。ディスレクシアとディスプラクシア（協調運動障害）で診断を受けていて，後から見ると自閉症スペクトラムやADHDも立派に診断が付きそうであるが，独り立ちして著作も数冊出しているところを見るとうまく育ってくれたのだろう。後付けで勉強すると対応はあながち間違っていなかったようなので，この30年間で培った私の発達障害の理解をお伝えする。

まず，発達障害は千人いたら千様の出方があり，本人のニーズもさまざまである。出方がさまざまであることは「スペクトラム（虹）」という言葉がすべてを表しているだろう。明るい人もいれば，静かな人もいる，太っている人もいれば，痩せている人もいる，というように。そして個々のニーズはそれに輪をかけて多様である。同じ年齢，性別，地方にいるA君とB君は検査ではほとんど同じ傾向が出ていても，一人は友だちと飲みに行くことができないことが悩みかもしれないし，一人は大学の論文がうまくまとめられないことが，目下の悩みかもしれない。また次の日のニーズは変わってくるかもしれないし，天

候によっても影響される。

　ここで，そんな多様な発達障害に共通してみられる特徴を筆者が出会ってきた当事者たちの言葉からあげてみよう。「発達の凸凹やアンバランスがある」「情緒面でコントロールが難しい局面がある」「よほどの専門家が見ても外見からでは分からない場合が多い」「自分でも他人とどう違うのかが分からない」「生まれつきである」「身体の成長は良好な場合，気づきがその分遅くなる」「成長とともに出方は変化するが障害そのものが悪化することはない」など。

　発達障害というのは日本独自の概念で，自閉症スペクトラム，ADHDや学習障害などを含んでいる。同じ障害名でも様々な症状があり，しばしばいろいろな困難さが重複して出る。世にいう，こだわり，衝動性，学習が困難という定義も表面的な症状を表しているにすぎず，本人たちの持っている困難さを表すものではない。本人たちは感覚の異常（聴覚，視覚，嗅覚，味覚，触覚など）つまり過敏であったり，鈍麻（鈍い）であることで悩むことも多くある。快か不快かが自分たちの行動の基本にある。

　大人になってのこのような状況なのだから，生まれてから小学校のころは自分でも自分が他の90%の人とどう違うのか，どうしてなのか，どうしたらよいのかが分からずにいて，それを懸命に訴えているのだと思う。しかし，見た目の障害がない分，保護者はその訴えを理解できないまま，かといって放っておくこともできずに右往左往するのだろう。

2　発達障害ってなんだろう？

　まさに発達の凸凹，アンバランスが特徴だとすると，人類のほとんどが発達障害なのではないだろうか？　すべての能力が突出もせず，劣ってもいないロボットのような人はほとんどいないだろう。とするとその人の方がマイノリティーということになる。

　ディスレクシアは世界的に見れば人口の10%いると言われており，そうなると単なるマイノリティーではない。そもそも「健常」や「定型発達」などと言うことは生物上ありえないのではないだろうか？　マジョリティ，または平均的な育ちというのはあるだろう。それも年を経るにつれて本来持っている能

力に加えて育った環境，養育者の態度，生まれた土地の風土や文化，与えられた教育，そして何よりも生まれ持った性格なども影響するだろう。

　というと，何が障害で何がふつうなのか誰も答えを持たないことになる。例えば今，原始の時代にタイムスリップしたら生き延びられるのは発達障害のある人たちかもしれない。マニュアルに頼らねば生きていけないようなひ弱な人たちはたちまち道に迷い，餌をとれず，暖をとれず，庇護されなくてはならない存在にさえなりうる。そこまでいかなくてもメガネをしている，虫歯があるなどは例え現在は治療をできるとしても原始では一番の障害者だったろう。目が見えないのは実は障害ではないかもしれない。停電の時に持ちたい友達第一位である。

　さて，発達障害というと一般的な説明では読み書き，話す，聞く，計算する，推論する，のどこかの特定の能力が著しく劣る，想像力の欠如とか，コミュニケーションが下手，こだわりがある，衝動性がある，注意が足りないなどとあるが，障害が社会と関わるときにある大変さという意味からいうとある程度表面的に見える困難を指していると思う。

　しかし，全くできないのではなく，頑張れば，訓練すればできてしまう部分も多いのが落とし穴である。下手な指導をすると，真面目な発達障害の子どもたちは必死に訓練を受けて，ある程度できたように見えるが，それが本人を苦しめることも多い。本人が自分の状況を客観的にみることが困難だったりすると，限界まで頑張ってしまい，しまいには倒れてしまったり，体調を崩したりしてしまう。

　では親が気付く発達障害の特徴はどのようなものがあるだろうか？　何しろ多様なので我が家の場合を例にとる。

　目が合わない，あやしても笑わない，人見知りをしない，言葉が出ない（3歳まで出なかったし，でたら自分独自の言葉であった），はいはいをしないで10か月で歩き始める，ちょっと目を離すとどこかにいなくなってしまう，襟付きシャツが嫌い，靴下，靴が嫌い，嗅覚が鋭くてタバコが嫌い，箸を使わず手づかみで食べる，視覚的に見たくないものを避ける，渋谷の喧騒，喧嘩する声はいやだが，ヘビメタは大丈夫，絵本を自分のストーリーで読む，右と左が分からない，色の名前を憶えない，字を書くとき「港区＝港凶」，「こ＝い」と

なる，ものつくりに没頭，こだわって動かなくなることがある，アレルギー（喘息様気管支炎，アトピー）がある，など。

このほか発達障害とは一見関係ないように見えて，本人の状況としては発達障害が元となって困難さが表れている場合もある。保護者はこのようなことへの理解もすると対処がしやすくなるかもしれない。

- ・疲れやすい
- ・脳を人の数倍使っている，刺激が強い
- ・疲れていても本人が気づかない
- ・セルフモニタリング力が弱い
- ・人ごみなどで機嫌が悪くなる
- ・刺激に耐えられない
- ・感覚が鋭い

- ・聞き分けがない，指示に従えない
- ・そもそも聞き取れていないかもしれない
- ・緘黙である
- ・いろいろな考えが浮かんで言語化するのが難儀，語の想起が困難
- ・気圧の変化で気分が左右される

今でも一つ二つの想定外の出来事は対処できるようになっているが，いくつもの悪条件が重なるとパニックに近い状況になる。

3 親として考えること

現在，保護者の相談を受けているが，相談内容は実にさまざまである。ディスレクシアということで教育の場面でどうしたらよいかという相談が一番多いが，他にもこんなことでと思えるような内容の相談もある。それだけ保護者は必死で困っていることが垣間見える。

（1）相談内容から見える保護者の悩み

「この子を殺して私も」「発達障害かどうか調べたいが，いいと言われているところは半年後でないと見てもらえない」「近くに信頼できる医師がいない」「学校で何も配慮をしてもらえない」「いくら教えても漢字を覚えない」「アスペルガーと言われたので子どもをどこかに預けて離れて暮らしたい」「思春期でゲームばかりをしている」「大学に入ったけど，不登校状態」「就労先をやめてしまっ

た」「引きこもっている」「検査では低く出たが，その日は調子が悪くて」「〇〇大学を受けさせたいのだけれど……」

　ほとんどの親は元気で幸せになってと生まれてくる子には祈るだろう。まず五体満足だとホッとして，母乳が出て，よく飲んでくれて，よく寝てくれて，これでしばらくしたら，目で追ってくれたり，ニコッと微笑み返したりしたら，愛情もひときわわくのだろう。ここまではわが子は非常に健やかな標準以上の健康優良児で育った。歯も生え始め，首は生まれたときから座っていて自分で移動していたし，めったに泣かない穏やかな育ちをしていた。後から思うといくつか兆しがあったのだが，母が困るほどではなかったので，誰かに相談することもなく，3か月検診や毎月の検診，1歳半検診，3歳児検診なども多少体重が多いことを指摘されたが，ほかは何も指摘されないまま育っていった。

(2) 周りからのプレッシャー

　16歳で診断が出たときに親子ともどもホッとしたことを覚えている。それまで夫の家族，幼稚園や学校から，何とも言えぬプレッシャーを与えられ，その結果息子を必要以上にしつけなくてはと思い込んだり，自分を責めて落ち込んだりしていた。具体的には，息子の落ち着かない行動は私が仕事をしているせいだと言われることや，靴や靴下をはくことを嫌がり，足の指を広げて抵抗をしたり，暑がりで真冬の雪の中でも短パン，半そでのＴシャツ一枚で外出したりするとまるで親が虐待をしているように見えることもあったようだ。

　幼稚園では若い先生に「もっと愛情を注いでください」「もっと本を読んでください」といわれ，毎晩眠るまで一緒の布団でいろいろな本を読んでいるのに，どうしてそのようなことを言われなくてはいけないのかとガッカリした。

　小学校低学年の時は担任がベテランでご自身のお子さんも多分今でいえばLDか何かの診断がつくかもしれないというお話で，「大丈夫ですよ」「お母さん上手に子どもらしく育てていますよ」と言ってくれたので，ゆったりとしていた。どこかで読み書きが困難そうな息子の姿に気が付いていたのだろうか？その担任に「どこか塾かなんかに通わせた方がいいでしょうか」と尋ねたことを覚えているが，担任は「大丈夫，この子は大器晩成ですよ」と言ってくれて，

ご自分のお子さんのお話をしてくれた。

大変になったのは小学4年生の時からである。若いパソコン指導ができる男性の教師をわざわざ頼んできてもらったそうだが、多分今だったらすぐに問題となって学校を辞めさせられるタイプの先生だった。息子の障害のためではなく、先生の行動のせいで教室の雰囲気は落ち着かなく、息子もチックが出るようになった。小学校では連絡帳を見るものいやなくらいに毎日先生が困ったことを書き記してくれた。「忘れ物が多い」「友達と仲良くできない」「体操服が汚れたままだ」に始まり、「ずるをしている」「次に怠けたら許さない」などなど、確かにうかつな母であるがこんな文言で連絡をもらっていたら、子どもに対して厳しくしなくちゃ、と思い込んだこともあった。時々、学校から呼び出しを食らうこともあった。いやいや行くと、案の定「あれができない」「これができない」「あれをやらかした」といわれることがせいぜいであった。だんだん、私はモンスターペアレント化していった。しかし、今でも正当な理由があったと思うが、やり方は平和的なやり方のほうが有効だったと思う。

私は息子が「障害」があると思ったことは一度もなかった。それは周りが言う彼の困ったことは、その30年前に私がやっていたことだからだ。「私に似て忘れ物が多い子だ。そういえば私も体操着を持って帰るのを忘れて母が呼び出されていたな。これはファミリートラディション（家族の伝統）だからしょうがない。でも大丈夫、私くらいにはなるから……」と胸を叩いて笑っていた。こんな親を学校では「障害受容のできていない母」と呼ぶのだろうか？

（3）子どもの様子への気づきと受けとめ

このごろの保護者は早くから気づき、とてもよく情報を得ている方たちと、子どもの様子に気が付かない方たちと半信半疑でとても不安に思っている方たちがいる。早くから気づいている保護者はインターネットなどで調べたり、相談したりしながら、検査を受け、場合によっては医師の診断を受け、療育を受けることができているかもしれない。子どもの様子に気づかない保護者はとても大らかで自分もその傾向があるか、またはまったく関心がないか、観察眼がないかで言うことがある。多分この本を読むこともないだろう。

一番ケアを必要としているのは、何となく他のお子さんと様子が違う、努力

を親子でしているにもかかわらず全然それが成果につながらないなどの理由で，記事や番組を見たり，他の保護者から指摘されたりして半信半疑ながらも不安感を募らせている方たちである。育てにくいのだけれど，どうしたらいいのか相談相手も見つからない，または周りからの母親へのプレッシャーに負けそうになっている方たちもいるだろう。

　私が比較的平常心で息子がディスレクシアであることを受け止められたのは自分にそっくりであったからということと，英国での説明のされ方のおかげであったと思う。検査を勧める文面は要約すると「息子さんの口頭での表現能力，理解力と語彙力に比べて，日本人であったとしても読み書きの部分で苦闘しているように見える。これがディスレクシアのせいかどうかを検査させてほしい。そうと判った暁にはいろいろな配慮ができ，本来の力を発揮してもらえるから……」とあった。その時，「息子は天才的だと私は信じているが，それをどうして周りは評価しないのだろうか？」というこれまでのもやもやした気分に一筋の希望の光が見えた。

　実際に検査をしてもらい結果を聞きに行くと，「おめでとう！」という態度で迎え入れられた。「息子さんがこれだけキラキラしているのはディスレクシアのおかげだったんですね。」とすぐれたところを列挙したうえで，「苦労していたのはディスレクシアと軽度のディスプラクシア（協調性運動障害）のせいだったんですよ」との説明の上，どのような配慮を学校がこれから用意していくか，この先どのような科目でどのようなスタディースキルを使えばその困難さをバイパスできるか，そうすると息子がなりたいと言っている「建築家」への道はどのように開けるかなどを30分くらいの間に実に手際よく，分かりやすいように説明してくれた。

　このことは親子そろってショックでもあったが，ディスレクシアという訳のわからない言葉で説明されたこと，つまり障害という言葉が使われなかったことと実に前向きな対応方法まで提示されていたのが何より受け入れやすかった。息子はこの時自分がどれだけ頑張っても成果が出ないことに対して限界を感じており，この説明にとても「ホッとした」と言っている。

（４）周囲の反応

　私たち親子はホッとしたが，日本に帰って家族に説明をすると，夫やその家族からは「こちらの家系ではない」「そちらの〇〇はウツだったそうじゃないか」などといわれた。それまでも，フルタイムで仕事をしている私に対して，子どもに何かあると「お母さんが仕事をしていて目が行き届かないから」とか「愛情不足だから」と言われてきた。

　発達障害は親の対応によって，本来の障害とは違う二次的な問題が出てくることはあるが，親の対応で発達障害になってしまうことはないと今ではわかるが当時は真剣に悩んだものだ。周りの何気ない一言で深く傷ついてしまわずに，気の毒に分からないのだなというくらいのダメージで済ませよう。

4　子どものためにできること

（１）学校でできること

　学校というリソースを使いこなす。下記に紹介するのは通常学級の場合であるが他の場面でも一緒に考えてくれる人を増やすことが大切だ。

　たとえば担任の存在。保護者へのアンケートなどでも一番相談しやすいのは担任である。敵対関係になるのではなく，うまく情報を共有して，子どもが学校の中で活き活きと活動に参加できるよう相談する。また，専門資格や専門知識を持つ先生が必ずしも担当している訳ではないが，学校には特別支援教育コーディネーターという立場の先生が任命されている。そして「合理的配慮」。子どもの最善の利益のために，その子が十分に本来の能力を発揮できるよう工夫する。先生が気づいていなかったりどれが良い配慮なのかわからなかったりする場合が多いので，専門家に聞いた方法，家でやってみて格段に効果が見られた方法があったら提案してみるのも一案である。

（２）キャリア教育としてできること

　キャリア教育は発達障害だけの問題ではないし，就労すればいいという問題

でもない。小さい時から，自分のできることや興味のあること，役に立てることを知っていて，できない部分も理解してどのようにそれを補うかを理解していることが前提にある。

その上で，夢などにつながる仕事とか，自分の力が発揮できるところに巡り合えれば幸せだろう。また，働き続けるためにはレジリエンス（竹や柳のように多少のストレスを耐え，もとに戻る力）を持っていることが求められる。セーフティーネットを張ったうえで小さな失敗をしてもそれを糧に次のステップに踏み出す力を醸造することも大切だ。失敗をしてもそれ見たことかといわずに，どうしてうまくいかなかったか，だったら次はどうすればいいかを一緒に考えていく力が保護者には求められている。

安定したレールを敷いてその上を走るのでは，レールが曲がった時に対応できない人になってしまう。よく言われるが，発達障害は不便だがそれが直接不幸であることにはつながらない。不幸なのは間違った理解をして，不必要な訓練をして「ふつう」に近づくように矯正しようとしたり，合わない勉強法で夜中まで宿題を強要したりすることである。その結果として，我慢をしてある場面では「ふつう」にできても，家に帰ってから暴れたり，外に出ることが嫌になってしまい引きこもったりするようになる。

我が家の場合は障害などが分かる前から，どういう大人になるかということは折に触れ話し合っていた。また，できることに制限があることが進路を狭めるのに役に立ったと思う。レゴや粘土，絵を描くことに没頭しているときは没頭するがままに任せていた。ものつくりやデザインが好きで，先祖が城づくりの名手であり，芸術家が家族に多い環境も幸いした。留学先の学校の先生方もできることとやりたいことを見ながら，高校で選択する科目や進学先の大学の選び方なども伴走してくれた。見事にはまり，建築大学，大学院と進み，現在の彼がある。

（3）保護者が一番の味方

子どもの持っている，好き，得意，やりたい，興味があるなどをキーワードに育てよう。子どもの持っている芽を摘まない，観察をして，今出ているはたから見ると困った行動はどうして起きるのか考えてみよう，できること（凸）

を多くすることによって，隙間（凹）がなくなるようにしよう，本人の工夫する力は後の大きな宝になっていくので意欲をそがないようにしよう。

ただ，障害だからと甘えずに行こう。宿題が出されても「僕は障害者だからやらなくていいのだ」「僕はアスペルガーだから人の気持ちが分からなくていんだ」という子どもを見かける。そうではなくて宿題の質を変えてもらうことや，取り組み方を変えることでできることは数多くある。自然に小さい時からできることを伸ばし，取り組んでいる姿をほめ，苦労しているところは工夫をして，合理的な配慮をしてもらいながら，本人が自分を「大丈夫」と思える状態を早く作ることだと思う。人から感謝される存在であることは大切だ。

そして何より，親は自分自身のことも大事にしよう。自分の息抜きの場を確保することやストレス解消法や生きがいを持ち続ることが大事だ。安心，信頼が一番なので，相談先，学校，保護者の友だちで理解者を増やすなどをして，ホッとできる時間を持とう。また「障害」のある子のことに夢中になるあまり，ほかの兄弟を犠牲にしたり，家族との間柄が悪くなったりしないようバランスを取ろう。

5 おわりに

保護者によってはわが子を育てにくい子と感じることもあるかもしれない。そう感じることに対して罪悪感を持ってしまうこともあるだろう。または，相談する相手がなく，相談しても自分の子育てに対して否定的なことを言われ，行き場をなくしてしまうこともあるかもしれない。ただ，育てにくいと感じたときに少し余裕をもって，もしかしたら何かの特徴で育てにくいと感じさせるものがあるのではないかと思い当たったら，少しは楽になるかもしれない。今出ている現象に対しての説明が少しでもできれば幸いである。

「発達障害」という言葉は普通に使われるようになってきたが，その分よく意味が分からず不用意に使われることも増えてきてしまっている。保護者は，無責任なメディアや情報に惑わされないで，自分の子どもの理解をしていただければと願う。

自閉スペクトラム症（ASD）は，わからない

尾崎ミオ

1 発達障害業界のカオス化

　東京で暮らしていると，「発達障害をとりまく業界はますますカオス化してきているなぁ」と強く感じる。「発達障害」という言葉が広く知られるようになり，知的に障害のないASD（自閉スペクトラム症）やADHD，LDがさまざまなサービスの対象となった。「発達障害専門」の医療機関はもちろん，「発達障害専門」の療育機関，就労支援機関，親の会，当事者（ピアサポートグループ）会は雨後の筍のように増え続け，最近では「発達障害専門」の学習塾，さらにはスポーツ教室，音楽教室，ダンス教室なども登場している。

　一方で，「発達障害の人」も増え続けている。以前は，発達障害を診ることができる医療機関が少ないため「うつ病」「統合失調症」と診断されている中に，相当数の発達障害の人がいるのではないかと言われており，「過小診断」が問題とされていた。しかし，最近ではもっぱら「過剰診断」が話題になっている。とくに最近，発達障害を知りマイブームとなってしまった医師が，丁寧に成育歴を確認することもなく，簡単に診断をくだすケースが増えていると聞く。

　私は2003年にNPO法人東京都自閉症協会に高機能自閉症・アスペルガー部会（アスペ部会）を立ち上げ，成人のASDのピアサポート活動「ASN（アダルト・スペクトラム・ネットワーク）」を運営してきた。この10年で，ASNの参加者の層も拡大してきた印象がある。

　ASDの独特さやユニークな特徴はほとんど見受けられないが，主にコミュニケーションに課題を抱えており「生きづらさを感じている人」が増えてきた。確かにASDは生きづらい。けれども，決して「生きづらい人」＝「ASD」で

はない。ところが，多くの生きづらさを抱えた人たちが，生きづらさの理由を求めて，発達障害にたどりついている現状がある。

その根本的な原因は，発達障害の診断基準が「コミュニケーションと社会性」という，多くの人たちが抱える悩みに直結しているからだ。過剰なコミュニケーションや社会性が求められる今の日本社会では，「生きづらさ」を感じない人の方が，もはやマイノリティだといっても過言ではない。

2 増殖するグレーゾーンASD

「スペクトラム（連続体）」という言葉が示すとおり，明確にASDと非ASDを線引きするのは難しい。私は医師でも専門家でもないが，アスペ部会を運営してきて，多くのASDを名乗る人たちと接してきた。その実感として，ASD中核の人たちは，その診断基準となる「コミュニケーションと社会性」「こだわり」の背景に，独特の認知＆感覚という共通した脳の特性が強いと確信している。つまり，情報のインプットの方法，整理の仕方，アウトプットの方法が多数派と異なることから，特にコミュニケーションや社会性に「ハンディキャップが生まれやすいリスク」をもっている人たちだ。ところがグレーゾーンのASDタイプは認知パターンや感覚に目立った特異性がない，あってもごく薄く日常生活に困難をもたらすほどではない。グレーゾーンASDタイプは，どちらかというと主に環境要因や育ちの過程で抱えたミスマッチにより「コミュニケーションが辛い」と悩んでいる人たちなのだ。ただし，ここで特筆しておきたいのはグレーゾーンASDタイプの方が，「コミュニケーションと社会性」に複雑な問題を抱えており，多くの支援を必要とするケースもあるということだ。

ASNの参加者をグルーピングするとすれば，大きく3つのタイプに分けることができる。

①タイプA：認知＆感覚の特性が強いが，本人はあまり困っていないタイプ
・打ち込める趣味や学業，能力を発揮できる仕事をもっている。
・対人関係などに問題を抱えていたとしても，ASDの特徴であるといわれ

るメタ認知（自分の思考や行動を客観的に把握し認識すること）の弱さもあり，「困っている」という自覚が薄い。もしくは「何に困っているか」を自身が把握していない。
- このタイプの場合，興味の限局（こだわり），対人関係に対する鈍感さなどで，家族や学校の先生，職場の上司など，周りが感じていることが多い。
- ASNへの参加の動機としては，「親や支援者に進められて，とりあえず参加してみました」という場合がほとんど。「仲間をもちたい」という欲求も薄いので，継続して参加することは比較的少ない。

② **タイプB：認知＆感覚の特性により，生活上に困難が顕著なタイプ**
- 認知構造の特性があり，日常生活に苦労している。
- 自分の特性を自覚できている場合と，できていない場合がある。特性を自覚できていても，上手に対処することが難しい（自分がうまく使いこなせない）人が多い。
- 「うまく対処できない」というコンプレックスが強く，ストレスも多い。
- ストレス過多の状況が続くと，感覚の過敏などが顕著になることも多く，余計に生活が困難となる。
- 「自分の特性を知りたい」「対処法を知りたい」などがASNの参加の動機。

③ **タイプC：グレーゾーンのASDタイプで，生活上に困難が顕著なタイプ**
- 認知の特性は薄く，ASDかどうかわからない（グレーゾーン）。
- ADHDなど他の発達障害をもつ人や，うつ症状等の精神疾患をもつ人も多い。
- 育った環境や親子の問題など後天的な要因の影響も考えられ，アダルトチルドレン（AC）系が目立つ。
- 自信がなく，コミュニケーションに苦手意識があり，表面的にはASDと共通する困難や悩みをもっている。
- 社会生活がこなせる程度の対人スキルがあり，過剰適応や対人操作など社会的な行動をとることができるため，課題が複雑化する場合が多い。
- 「認められたい」「話を聞いてほしい」など，仲間を求める傾向が強い。

ASNは参加の条件を厳しくもうけておらず，グレーゾーンの人も受け入れている。その結果，ここ数年でますますグレーゾーンの人々の参加が増えてきた。発達障害の支援は進んでいるはずなのに，実際は，行き場のないASD系（グレーゾーンも含む）の人たちが増え続けているということだろう。一般的には，グレーゾーンASDタイプの人たちの方が，ASD中核の人たちよりも自分の考えや気持ちを言語化することに長けている。なので，マスコミに登場したり，当事者としてスピーチする機会も多く，よけいに世間のASDイメージを混乱させているように思う。

3　問題解決型アプローチが重要

　確認しておきたいことがある。「グレーゾーンASDタイプの支援」と，「ASDの支援」のストライクゾーンは微妙に違う。近年の当事者研究（熊谷・綾屋，2008）などで明らかになってきたように，ASD中核の人たちのニーズは，その独特の認知＆感覚を解き明かし，マジョリティ社会への参加の仕方やセルフコントロールのやり方を検討していくことにある。話を聞きとりながら本人の特性を確認し分析的に問題解決を講じることが重要であり，「共感」「傾聴」といったカウンセリング手法はあまり通用しない。マジョリティの感覚でいう「自己肯定感を高めるためにほめる」「共感しましょう」などの心理的なアプローチは有効でないと実感している。ASD中核の人たちに必要なのは，的確な状況分析や具体的な方法の提案なのだ。しかし，グレーゾーンASDタイプの人たちのニーズは異なる。対人への依存度がASD中核の人より高い場合が多く，他人の評価に敏感で共感を求める傾向が強い。「他人に共感してほしい」「自分を認めてほしい」という欲求も強く，カウンセリングのような心理的アプローチも必要とされる。「話を聞いてもらえたら気が済んだ」という場合もあり，むしろ問題解決型のアプローチが求められないケースもある。

　もちろん「ASD中核の人は問題解決型アプローチ」で，「グレーゾーンASDタイプの人たちは心理的アプローチ」と単純に割り切れる話ではない。両方必要な場合も多いが，どちらに重点を置くのか意識しておくに越したことはないだろう。特に今のASD支援は心理的アプローチに重きが置かれすぎて

いて，ASD中核の人のニーズを満たしていない場合が多いからだ。

4 認知＆感覚の特性から考えるサポート

　問題解決型のアプローチを拡げていくためには，ASDの人がなぜ社会性やコミュニケーションに課題を抱えてしまうのかを知る必要があると思う。

　繰り返しになるが，ASD中核の人は情報のインプット，整理，アウトプットという情報処理のプロセスが，一般の人たちと異なる。その原因を整理しないまま，SST（ソーシャルスキルトレーニング）などで，本人のスキルを伸ばすことだけを目的とした支援は，当事者に大きな負担を強いる。グレーゾーンASDタイプの支援の場合，SSTでスキルを伸ばし，心理的なフォローをすることで自信をつけさせることが可能かもしれない。しかしASD中核の人たちの場合，SSTは多大な努力を強いた結果，努力が無駄に終わるリスクも高い。ASN参加者の話から推察すると，ASDの人たちがコミュニケーションに課題を抱える原因には，たとえば，以下のようなケースが考えられる。

(1) インプットにおける感覚の特異性からくる困難

①音を聞き分けることができない

　ASDの人の多くが，たくさんの聴覚情報の中から，必要な情報を聞き分けてピックアップすることを苦手だと訴える。

　たとえば，授業中。黒板に書く音，教科書をめくる音，友だちの雑談，校庭での体育の授業，遠くの道路を通過するパトカーのサイレンなどなど，余計な音が気になって先生の声をピックアップできないASDの子どもも少なくない。

　休み時間になるとさらに騒々しい状態となり，会話することなど不可能だったという体験談はよく聞く話だ。友だちに話しかけられると困るので，図書室や非常階段，トイレなどを逃げ場所にしていたというケースも多い。

②ヒトの声が聞き取れない

　「高い女の人の声が苦痛」「子どもの声は耳に痛い」「男の人の抑揚のないぼそぼそとした声が聞き取れない」など，ある特定の声の高さが苦手だったり，

聞き取れないという人もいる。何度も聞き返して相手を怒らせてしまったり，聞き取れないので適当に相槌を打ってやり過ごす手段をとっているが話の内容は全く理解できていないというパターンも珍しくはない。

③感覚的な困難がある

「体臭や口臭を強く感じてしまう」「化学物質に過敏」「喫煙者や香水をつけている人が近くにいると気分が悪くなる」など感覚過敏があり，人と接触することが困難になる場合もある。コミュニケーションに苦手意識をもってしまうと，よけいに感覚過敏が強くなるという悪循環に陥りやすい。

感覚的な課題が顕著な場合，まずは，落ち着いてコミュニケーションがとれる状況のセッティングが大切だ。とくに子どもの場合は自ら自分の特性を認知することが難しく，親や先生も気づいていない場合がある。

（2）インプットにおける認知特性からくる困難

①音を言葉として識別できない

一部のASDの人は「インプットした音を，脳内の情報（記憶）と照合し，意味のある言葉として認識するのが難しい」と言う。そのため，言葉を聞き取れなかったり，間違って覚えていたり，聞き逃したりしてしまう。あるASDの人は「幼いころニンゲンの発する音が，言葉という意味のある情報だと知るまでに時間がかかった」と言っていた。3歳になっても言葉がなかった彼女はそれを認識して，いきなり2語文から話し始めたのだという。

②指示が理解できない

多くの情報を瞬間的に処理することが苦手なASDの人は多い。たとえば，「隣の部屋に行って」「一番前の引き出しをあけ」「書類を出して」「印鑑を押し」「○○さんに届ける」など，たくさんの項目が含まれている指示を，パッと瞬時に理解し行動することが難しい。言葉だけの指示が通じない場合は，メモに箇条書きにする，情報を絞るなど，的確に情報を伝えるサポートが必要だ。

③ヒトと違うところが気になる

「木を見て森を見ず」の例えどおり，ASD の人は全体把握が苦手で，細部にこだわりがちだ。ドラマや映画をみていてもストーリーそっちのけで，ロケが行われた鉄道の駅名や，歴史的な背景など，本筋とちがうところに関心をもちやすい。そのため，一般の人たちとの情報共有が難しい。

④**重要な情報をピックアップできない**

たとえば学校の朝礼で，先生が面白おかしく雑談をまじえながら「夏休みの予定」を説明したとき，多くの子どもは雑談の中から重要な情報をピックアップし，メモにとるなどの行動をとることができる。けれども ASD の子どもは「先生がカブトムシを育てている話」など自分が興味をひかれたものだけを強烈にインプットしてしまい，必要な情報をピックアップできないことがある。

視点や情報の捉え方が違う上，整理も苦手なため，同じ場面でも，まったく違う認識でインプットされている可能性がある，誤解や思い違いがないか丁寧に確認していくことも大切だ。

(3) アウトプットにおける認知特性からくる困難

①アウトプットしすぎてしまう

空気を読まず率直に意見を伝えてしまったり，話し出すと止まらなくなり自己中心的な人だと思われてしまったり，悪気がないにもかかわらず ASD の特性は人間関係のトラブルをまねきやすい。

②自分の感情に気づきにくい

感情に気づきにくいだけでなく，気持ちを言語化するのが苦手な人もいる。たとえば「気になることがあり集中できない」「イライラして親にあたる」などの状況で「自分が不安だからだ」と自己分析することが難しい。また，たとえば友達と喧嘩をした時，「今，自分は怒っている」という感情に気づくことができず，「学校なんか大嫌い」「行かない」という極端な結論を導きやすい。

③言いたいことを言語化できない

　会話のスピードについていけなかったり，言いたいことを組み立てることができないという悩みを抱える人も少なくない。ASDの人たちの多くが恐ろしく広大な内面社会をもっている。しかし脳内の情報が整理されていないため必要な情報を探し出せなかったり，咄嗟に言葉にすることが難しかったり，表現できないのだ。言葉が重たい，無口なタイプのASDの人でもブログやSNSなどで実に雄弁に自分の意見や趣味の話を語っていて，驚かされることがある。

　できるだけメールや文章でコミュニケーションをとる。マインドマップなどで視覚化し情報を整理するなど，表現を引き出すためのサポートがあるといい。

5 ASDの内面世界を守るために

　最後に，私が子育てのバイブルにしていた本から，忘れられない言葉を紹介したい。「彼らの認知構造は変わらないという前提で，多数派の認知の仕方を知識として学んでもらう」「それを学んでほしいのは彼らが間違っているからではありません。そのほうがお互いにとって不都合が少ないからです」（2003, 吉田）。異質な認知構造をもつASDの人は，マジョリティとは違う文化やライフスタイルをもちやすい。しばしばそれが摩擦を招くこともある。だからといって，ASDに過剰な社会適応を強いる支援は「もったいない！」と思う。

　ASDの人の広大な内面世界には，宝石の原石のような情報がたっぷりつまっている。そして，それは孤独な時間が長ければ長いほど，アリの巣のように広大に広がり，熟成されていく。いつか表現手段と適切なアウトプットの方法を手に入れたとき，その原石はキラキラと輝きだす可能性があるのだ。

【参考・引用文献】

吉田友子（2003）高機能自閉症・アスペルガー症候群「その子らしさ」を生かす子育て．中央法規出版．
綾屋紗月，熊谷晋一郎（2008）発達障害当事者研究―ゆっくりていねいにつながりたい．医学書院．

第9章

子どもの
「発達障害らしさ」を活かす

木谷秀勝

1 「子どもらしさ」から始めよう

　「発達障害を理解する」目的から始まった一連の論文も，本稿が最後の章となる。ここまで読まれた方々は，この本の目的が「発達障害を理解する」こと以上に，「発達障害を抱える当事者（主に子どもたち）と支援する家族・専門家がともに活き活きと生活（同時に葛藤しながらも）しようとする前向きな姿」を理解することが重要であることに気づいているだろう。実際に，それぞれの章の著者自身の生き方や実践そのものが，本章のテーマでもある「自分らしさ」を活かす生き方に重なっているはずである。

　したがって，本章で筆者が述べたい内容は，発達障害児者に関わるさまざまな支援者とのダイナミックスな相互関係を通して初めて育まれる「活き活きとした自分らしい」生き方への理解と支援である。

　この発達障害児と支援者との相互関係が，よりダイナミックスな段階へと成長するために必要な視点が「子どもらしさ」だと考えている。たとえば，自閉症児を英語で表記する場合は "Child (Individual) with Autism" になる。つまり，日本語だと「障害をもった（抱えた）子ども」である一方で，英語では「一人の子どもであり，その特性の一部に自閉症という症状をもつ」と考えて，最初に「子どもらしさ」の側面が強調されている。実際に，筆者は心理臨床場面において，発達障害児を含めたすべての子どもたちとのコミュニケーションの基本に，この「子どもらしさ」とどのように関わるかを大切にしている。その場合，特に次の3点を中心にして大切に関わっている。

（1）「学習を楽しみたい」

子どもは誰もが「学習を楽しみたい」気持ちをいっぱい持っている。ところが，通常学級で定型発達の児童・生徒の発達を基準においた教科指導法では，発達障害児には理解や評価が難しい場合が多い。そこで，特別支援教育の配慮の元で，個別指導やタブレット端末などを活用した新たなツールの活用（中邑・近藤，2012）を行うことで，発達障害児が自分から学びたくなる機会を配慮することは当然なことである。しかも，筆者（木谷，2014a）は人間が一生続けないといけない本当の学習とは「人間関係に還元される」ことが重要だと考えており，けっして知識量だけを増やせばいいわけではない。

（2）「心が傷つきやすい」

子どもは誰もが「豊かな心」を育まれていく。ところが，心が豊かになり，周囲との関わりを求めるようになればなるほど，心の傷つき体験も強くなりやすいことを忘れてはならない。この心の成長がもつ二面性を周囲が理解しておかないと，「豊かな心」を育てるという名のもとに「頑張る」ことばかりを強要して，結果的に「傷ついた心」だけが強くなり，教師との信頼関係や安心感が育まれる学校生活で，逆にフラッシュバックが生じ，自己肯定感が低下していく事例があることは確かである。

（3）「仲間を求めている」

発達障害児にとっては，「友だち」という，いつも一緒に行動するような依存対象は，かえってストレスを生む結果になりやすい。それよりも，同じような趣味・興味を持っていて，お互いに共有したい時間だけ一緒に過ごして，それ以外は別々に過ごしても許されるような緩やかな関係性が維持できる小数の「仲間関係」を求めている。特に，青年期以降にこうした傾向が強くなるので，早い段階から仲間関係の心地よさを体験することが重要である。

2 発達障害だと,どうして「子どもらしさ」を活かせないのか

　筆者は,発達障害児をイメージする言葉として,「学校でアーティストになれない子どもたち」という表現を使うことがある。先にあげた3点の「子どもらしさ」が学校生活で発揮できない結果,彼らが抱えるエネルギーの強さ（たとえば,多動),独特な自己表現（たとえば,興味・関心の偏り),マイペースさ（たとえば,不器用さ）は,「障害だから」と一方的に判断されてしまい,「発達障害児らしさ」としての肯定的な評価と成長する機会が失われていく。

　また,最近の発達障害児を含めた子どもたちへの心理臨床を通して感じることは,発達障害児が「自分らしさ」を発揮できない状態の根底にある問題点への再認識である。具体的には,発達障害児が抱えている知覚・感覚面のアンバランスさから来る「日常生活での困難さ・疲労度の高さ」への理解である。

　綾屋・熊谷（2008）や岩永（2010）が指摘するように,発達障害児が抱える感覚障害は広範である。高橋ら（2011）が調査した665項目からなるアンケート調査からも,周囲が予想する以上にさまざまな感覚障害が潜在することは事実である。たとえば,「身体が疲れた」という場合,詳細に確認すると「身体の筋肉が痛い」感覚である場合が多い。このように,発達障害児の場合,触覚・視覚・聴覚・味覚・嗅覚の五感の知覚・感覚のアンバランスさから,日常生活での慢性的な疲労が生じることが予想できる。しかも,日常生活での慢性的な疲労のうえに,こうした身体の疲労を適確に表現できないだけでなく,他者と感覚がずれていることに気づかない場合も数多い。

　こうした心身の疲労が続くと,感覚過敏・低反応が強化される結果,学校場面でのパニックの頻発,多動へのコントロールの困難さ,マイペースさと頑固さが顕著になっていく。しかも,定型発達児を基準にした学習指導や集団ルールへの遵守を強要する学校生活では,心身の疲労がさらに強化されて,結果として二次障害への悪循環に陥っている事例が増えている。

　「子どもらしさ」の基盤には,『梁塵秘抄』に「遊びをせんとや生まれけむ」とあるように,身体全体で喜びや悲しみを実感することから育まれる達成感や自己肯定感が大切である。ところが,こうした「子どもらしさ」の基盤を育てる支援よりも,認知変容を重視する学習行動の形成に重きを置く傾向が強く

なっている印象が強い。この2つの視点はけっして別々に形成されるものではなく，岩永が指摘するように，身体（知覚・感覚レベル）と認知機能（学習・行動レベル）を有機的に統合することで，発達障害児が本来もつ「子どもらしさ」を活かせる環境が広がることは確かである。

3 事例紹介——発達障害らしい生き方への支援

本節では「発達障害らしさ」を大切に支援を進めている事例を紹介する。

（1）事例1：A君（8歳）

感覚過敏が強く，ちょっとした刺激にも反応してパニックになるA君が相談に来た。面接をしていると，筆者がゆっくりした口調で話すと落ち着いた表情で簡単な会話は可能であった。ところが，隣にいる母親はA君が不安定になるのではないかと不安そうな表情や緊張した感じが強く見られ，むしろ，母親の緊張感がA君の強い緊張感に影響している印象を強く受けた。

そこで，A君に見られる強い視覚過敏に対する具体的な対策を母親と進めることから支援を始めた。具体的には，陽射しや教室の明るさが原因で心身の疲労が強くなることがわかったので，チューリップハットのように帽子全体に幅広のつばがある帽子の着用，支援学級の教室でのカーテンの利用などを積極的に行った。その結果，疲れやすさの軽減が少しずつできるようになり，家族が長年計画している南の島への家族旅行にも行くことができた。

こうして元気になると，今度は，支援学級の先生がすぐに交流を進めようと焦り始めて，それをきっかけにして再び不安定さが出てきた。A君も交流に行きたい気持ちは出てきたが，成長するにつれて「自分だけができない」ことへの不安も話すようになった。そこで，筆者が提案して，A君が好きなロボットの絵やレゴブロック作品を支援学級からの通信として交流の児童に配ることにした。

やがて，その精密な絵や巨大なレゴ作品に興味を見せた児童が支援学級に来るようになり，そこでレゴ教室（A君が講師）が開かれるようになり，逆交流の形でA君と交流学級の児童とのコミュニケーションを広げることができた。

こうした新たな「A君らしさ」を大切に支援を進めることで，母親もA君の作品を積極的にネットで紹介するようになり，母親の表情も豊かになってきた。

（2）事例2：B君（15歳）

幼稚園で集団の雰囲気が読めないためにトラブルが生じて，年長児から定期的に支援を始めた。小規模な小・中学校の環境で，先生に理解され，マイペースではあるが，素直で明るい性格でもあり，同級生と安定した交流を維持しながら学校生活を楽しむことができた。そこで，中学3年になり，高校の進路指導では多くの同級生が受験する公立高校への進学をB君に勧められた。

ところが，ある日の面接で母親から，「本人がどうしても，その高校は嫌で遠い高校（私立）に行きたいと言ってきかないんです」と報告があった。そこで，次の面接ではB君に来てもらい話をしたところ，次の理由であることがわかった。確かにみんなといつも一緒で仲良くしてもらってきたが，高校からは「違う自分」になりたい，だから，「今までの自分」を誰も知らない高校で一からやってみたい，と教えてくれた。家でも同じように言っていた様子だったので，筆者もこうした成長をうれしく感じた。その後B君は，希望する高校を受験して無事に合格し，現在は大好きなJRの車両を使って通学している。

高校入学後は，授業中は「真面目な理科系志望の生徒」，クラスでは文化祭でクラス紹介のCM作りを頼まれると「嫌と言えないお人よし」（なお，先生は本人の特性を知っていて，見守りながら支援している），放課後になると「オタク系なパソコン部の部員」，そして，下校時は「電車オタク」，家に帰ると，「クールな高校生」として，高校でのエピソードや家族への批判を（思ったまま）口にして，お母さんは「高校でこんなことを口にしてはいないかとハラハラドキドキです」と心配させている毎日が続いている。

（3）事例3：C君（25歳）

五感全体の過敏性が強く，睡眠障害の合併症をもち，中学校で不登校になったC君（当時14歳）が相談に来た。食べ物の嗜好（かなり甘い飲料水が半年ごとのブームで変わるために箱買い），着ることができる服が極端に少なく，C君が「第二の肌」と呼んでいる中学校時代の半袖体操服を一年中着ている状

態のなかで、家族も接し方がわからずにいた。そこで、筆者がC君の感覚世界をゆっくりと代弁（C君はいつも肯いている）しながら、過剰刺激の現実世界から自分自身を必死で守っている状態を説明する面接を続けた。

　一年中半袖で来談するC君と母親との面接を通して、就労は難しい状態であるが、やがて母親と一緒に公共の交通機関や、ビジネスホテルを活用する旅ができるようになり、生活面での楽しみを増やす面接を中心にして支援を進めた。また、心身の過敏さの背景にある、汗をかかないために生じる強い身体のほてり感も睡眠障害の一因であったので、睡眠障害の専門医への受診（投薬）と合わせて、サウナの活用を提案した。その結果、サウナでは汗をかくようになり、ほてり感も軽減できるようになった。最近では、犬の散歩などの家庭での手伝いを自分からするようになり、「C君らしい」ペースを維持しながら生活している。しかも、最近は汗をうっすらかくようになったので、もっとも過敏が強かった時期は月に一度のサウナと温泉だけだったが、今は週に2〜3回入浴する様になった。ところが、こうした皮膚過敏が軽減すると、かえって汗が臭うようになり、家族も複雑な思いだと苦笑いしていた姿が印象的だった。

4　子どもの「発達障害らしさ」を活かすために

(1)「発達障害らしさ」を活かすための支援の方向性

　以上の事例からわかるように、筆者が進める支援の重要な視点は、第一に環境調整を丁寧に進めることである。特に最近増えている知覚・感覚障害を重要視する傾向からも、筆者はWISC-Ⅲ・Ⅳの結果を臨床的に活用することを大切にしている（木谷, 2013）。具体的には、こうした知能検査は、従来言語性・動作性・全検査それぞれのIQの高低や能力間のバランスの問題が重視されていた。それこそ「障害の質を測る」ことを客観的に求められていた。しかし、筆者はこうした結果の分析以上に、発達障害児が「どうして困ったことを上手に表現できないのだろうか」、「外界からのどんな刺激に敏感に反応してしまうのか」、そして「結果的に日常生活でどんなふうに疲れてしまって、実力を発揮できないのか」をアセスメントすることが重要だと考えている。こうしたア

セスメントへの視点は，最近開発されている新たなアセスメント全体に共通する視点であり（辻井, 2014），家族や教師でも日常生活への細やかな観察を通して十分に可能な視点である。つまり，「障害を探す」視点から「特性が障害となってしまう要因」をしっかりと見定めることが重要である。

この環境調整を支援の基本にすることで，発達障害児に「ホッとする」などの喜びやリラックス感が体感できるような変化が生じる。そのうえで，第二に心身の健康管理を進める。先に紹介した高橋ら（2011）が示しているように，発達障害児の心身状態を詳細にチェックすることは本当に重要である。そのため最近では，保護者の了解の元で身体を実際に触れることを通して，子どもたちの「からだの感覚」を共有することを大切にしている。しかも，その状態に合わせたリフレッシュ方法も家庭で実行してもらうことが多い。その波及効果として，母親や父親がダイエットに成功して，肩こりが減少することがある。そして，最終的には，自分自身で「予防」できるように少しずつ自己調整させる方向性をとっている。

筆者は，発達障害児への支援内容の60〜80％は，こうした方向性を丁寧に進めることが重要だと考えている。このように時間はかかっても，自分自身で気づく（これも「自己理解」）支援を進めることで，先に示したように身体と認知が統合されて，「自分らしさ」への発見に結びつきやすい。

そのうえで，第三として，家族や学校の先生を巻き込んだ日常生活で行うことができる楽しいプログラムを検討していく。大切なことは，「発達障害児と母親（父親）」，「発達障害児と先生」の関係性があるからこそ可能になる「最小限で最大の効果が見られる支援」をいつも楽しみながら考えることが支援する側に重要である。たとえば第8章の藤堂さんの文章などからも，この親子だからこその「楽しさ」が伝わってきたはずである。

（2）子ども自身が「（自分の）発達障害らしさ」を活かせるために

以上で示した支援の方向性は，従来からの家族や先生や専門家たちが発達障害児のことを考えながら進める支援の方向性である。ところが最近では，事例2のB君のように思春期以降に成長した発達障害児自身が「自分自身が希望する支援の方向性」をはっきりと筆者に述べる機会が増えている。また，事例1

のA君や事例3のC君のように，感覚過敏が顕著な場合には，筆者が「その子だったら，こんな支援を希望するだろう」と推測しながら，本人も納得できる範囲内で支援の方向性を一歩ずつ進めている。

　こうした視点を，筆者（木谷, 2014b）は「自分のなかのさまざまな自分らしさを（自分で）選択できる能力」として自己理解を進めるために重要だと指摘した。もしかすると，読者のみなさんは「発達障害らしさ」とは，たった一つだけと考えてはいないだろうか？　むしろ，発達障害児が成長することは，「（さまざまな）自分らしさ」が育まれることである。したがって，われわれ支援する側に求められることは，こうした成長とともに育まれる「（さまざまな）自分らしさ」を発揮できる環境や人間関係の場を提供できるようにネットワークを広げる準備を怠らないことではないだろうか。

　その基盤が準備されつつ，発達障害児自身が「こうしてもらえると自分らしさが発揮できます」，「こんな状況では自分らしさが表現できずに困っています」と安心して表現できる場と信頼できる人間関係を保証することが，われわれ専門家に求められる支援の基本であり，出発点だと考えている。

【引用・参考文献】

綾屋紗月，熊谷晋一郎（2008）発達障害当事者研究—ゆっくりていねいにつながりたい．医学書院．
岩永竜一郎（2010）自閉症スペクトラムの子どもの感覚・運動アプローチ入門．東京書籍．
木谷秀勝（2013）子どもの発達支援と心理アセスメント—自閉症スペクトラムの「心の世界」を理解する．金子書房．
木谷秀勝（2014a）適正就学委員会の現状と臨床心理学的知見を学校支援に活かす．臨床心理学．82, 477-480. 金剛出版．
木谷秀勝（2014b）自閉症スペクトラムの人の「自己理解」を育てる—「自己理解」の先に見えるものは？．アスペハート．37, アスペルデの会．
中邑賢龍，近藤武夫監修（2012）発達障害の子を育てる本—ケータイ・パソコン活用編．講談社．
高橋　智，石川衣紀・田部絢子（2011）本人調査からみた発達障害者の『身体症状（身体の不調・不具合）』の検討．東京学芸大学紀要：総合教育科学系．62(2), 73-107.
辻井正次監修（2014）発達障害児者支援とアセスメントのガイドライン．金子書房．

著者紹介 (執筆順)

市川宏伸	(いちかわ・ひろのぶ)	編者・ 東京都立小児総合医療センター顧問
佐々木康栄	(ささき・こうえい)	よこはま発達クリニック臨床心理士
宇野洋太	(うの・ようた)	よこはま発達クリニック精神科医, 名古屋大学医学部附属病院親と子どもの心療科助教
内山登紀夫	(うちやま・ときお)	よこはま発達クリニック院長, 福島大学大学院人間発達文化研究科教授
千住　淳	(せんじゅう・あつし)	ロンドン大学バークベックカレッジリサーチフェロー
明翫光宜	(みょうがん・みつのり)	中京大学心理学部講師
熊谷晋一郎	(くまがや・しんいちろう)	東京大学先端科学技術研究センター特任講師
長崎　勤	(ながさき・つとむ)	実践女子大学生活科学部生活文化学科生活心理専攻教授
阿部利彦	(あべ・としひこ)	星槎大学共生科学部准教授, 授業のUD研究会湘南支部顧問
山本純一郎	(やまもと・じゅんいちろう)	世田谷区受託事業「みつけば!」ピアサポーター
綾屋紗月	(あやや・さつき)	東京大学先端科学技術研究センター特任研究員
藤堂栄子	(とうどう・えいこ)	NPO法人エッジ代表
尾崎ミオ	(おざき・みお)	編集ライター, 東京都自閉症協会副理事長, Get in touch 理事
木谷秀勝	(きや・ひでかつ)	山口大学教育学部附属教育実践総合センター教授

監修者紹介

柘植雅義（つげ・まさよし）

　筑波大学人間系障害科学域教授。愛知教育大学大学院修士課修了，筑波大学大学院修士課程修了，筑波大学より博士（教育学）。国立特殊教育総合研究所研究室長，カリフォルニア大学ロサンゼルス校（UCLA）客員研究員，文部科学省特別支援教育調査官，兵庫教育大学大学院教授，国立特別支援教育総合研究所上席総括研究員・教育情報部長・発達障害教育情報センター長を経て現職。主な著書に，『高等学校の特別支援教育 Q&A』（共編，金子書房，2013），『教室の中の気質と学級づくり』（翻訳，金子書房，2010），『特別支援教育』（中央公論新社，2013）『はじめての特別支援教育』（編著，有斐閣，2010），『特別支援教育の新たな展開』（勁草書房，2008），『学習障害(LD)』（中央公論新社，2002）など多数。

編著者紹介

市川宏伸（いちかわ・ひろのぶ）

　東京都立小児総合医療センター顧問。東京医科歯科大学臨床教授。日本発達障害ネットワーク理事長。日本自閉症スペクトラム学会会長。日本ADHD学会理事長。日本児童青年精神医学会監事。東京大学大学院薬学研究科修士課程修了，北海道大学医学部卒業，東京医科歯科大学神経精神科を経て，1982年より東京都立梅ヶ丘病院に勤務。1998年より同病院副院長，2003年より同病院院長となり，現職。専門は，児童精神医学，発達障害。主な編著書に，『発達障害―早めの気づきとその対応』（中外医薬社，2012），『AD/HDのすべてがわかる本』（講談社，2006），『広汎性発達障害の子どもと医療』（かもがわ出版，2004），『子どもの心の病気がわかる本』（講談社，2004），など多数。

ハンディシリーズ 発達障害支援・特別支援教育ナビ
発達障害の「本当の理解」とは ――医学,心理,教育,当事者,それぞれの視点
2014年11月29日　初版第1刷発行　　　　　　　　　　　［検印省略］

監修者	柘　植　雅　義
編著者	市　川　宏　伸
発行者	金　子　紀　子
発行所	株式会社 金　子　書　房

〒112-0012　東京都文京区大塚 3-3-7
　　　　　TEL　03-3941-0111㈹
　　　　　FAX　03-3941-0163
　　　　　振替　00180-9-103376
　URL　http://www.kanekoshobo.co.jp

印刷／藤原印刷株式会社　製本／株式会社宮製本所
装丁・デザイン・本文レイアウト／mammoth.

Ⓒ Hironobu Ichikawa, et al., 2014
ISBN 978-4-7608-9542-7　C3311　Printed in Japan

ハンディシリーズ

発達障害支援・特別支援教育ナビ

柘植雅義◎監修

既刊

ユニバーサルデザインの視点を活かした指導と学級づくり
柘植雅義 編著

定価 本体1,300円+税／A5判・104ページ

発達障害の「本当の理解」とは
——医学，心理，教育，当事者，それぞれの視点
市川宏伸 編著

定価 本体1,300円+税／A5判・112ページ

刊行予定

※いずれも予価1,300円+税，予定頁数104ページ
※タイトルはいずれも仮題です

◆ **これからの発達障害のアセスメント**——支援の一歩となるために
黒田美保 編著

◆ **発達障害の早期発見・早期療育・親支援**
本田秀夫 編著

◆ **発達障害支援に活かすICT**（情報通信技術）
近藤武夫 編著

◆ **発達障害のある人の就労**
梅永雄二 編著

◆ **発達障害のある子の社会性とコミュニケーションの支援**
藤野　博 編著

◆ **発達障害のある大学生へのサポート**
高橋知音 編著

◆ **発達障害の子を育てる親の気持ちと向き合う**

◆ **通常学級で行うインクルーシブ教育**——「合理的配慮」の実践